GESTION DE NOS DÉCHETS EN 2021

Perspective des pays du Sud

Practical ACTION

Practical Action Publishing Ltd
25 Albert Street, Rugby, CV21 2SD, Royaume-Uni
www.practicalactionpublishing.org

Une entrée de catalogue pour ce livre est disponible à la British Library.
Une entrée de catalogue pour ce livre a été demandée à la Bibliothèque du Congrès.

ISBN 978-1-78853-201-3 Paperback
ISBN 978-1-78853-185-6 PDF

Citation:
Practical Action (2022) *Gestion de nos déchets en 2021 : Perspective des pays du Sud*, Practical Action Publishing, Rugby <https://doi.org/10.3362/9781788531856>.

Depuis 1974, Practical Action Publishing publie et distribue des livres et desinformations pour soutenir les travaux de développement international dans le monde entier. Practical Action Publishing est un nom commercial de Practical Action Publishing Ltd (enregistrée sous le numéro 1159018), la maison d'édition appartenant en totalité à Practical Action. Practical Action Publishing sert uniquement les objectifs de l'association caritative dont elle est issue, et tout profit est reversé à Practical Action (organisation caritative enregistrée sous le numéro 247257, TVA du groupe : 880 9924 76).

Practical
ACTION
PUBLISHING

TABLE DES MATIÈRES

PRÉFACE

TABLE DE MATIÈRES

SAR le prince de Galles

Nous habitons une planète dont les ressources ne sont pas inépuisables. Nous devons utiliser ces ressources de manière judicieuse pour que tous jouissent d'un avenir durable. Nous avons d'urgence besoin d'un investissement accru dans les économies circulaires permettant de récupérer, réutiliser et recycler les matériaux. De plus, la mauvaise gestion des déchets provoque d'énormes dégâts sur le plan environnemental, détruisant l'équilibre délicat des écosystèmes terrestres et marins et émettant des gaz à effet de serre. L'abandon des déchets à l'air libre met en danger la santé, la prospérité et le bien-être économique des populations qui vivent au milieu de ces déchets. Comme c'est le cas pour de nombreux problèmes mondiaux, ce sont les populations les plus pauvres au monde, celles des quartiers urbains et des zones d'habitations à faible revenu, qui subissent le plus les conséquences néfastes de la gestion non durable des déchets de tout type.

Cela fait plusieurs années que je suis bien conscient de ces questions qui évoquent en moi une profonde frustration. Le plan d'action Terra Carta (ou Charte de la Terre) que j'ai lancé en vue de soutenir l'Initiative des marchés durables vise à accélérer considérablement la transition vers des systèmes intégrant la durabilité. L'avenir des déchets, en tant que ressource latente jusqu'à présent, est crucial dans ce contexte, car les déchets peuvent produire des résultats transformateurs à l'échelle mondiale, qui profitent à la nature, aux populations et à la Planète. Les opportunités de solutions positives sont immenses, en particulier si nous tenons compte de ce qui est déjà en place. Les petites entreprises et les travailleurs informels des petites et grandes villes des pays à économie émergente du Commonwealth, et au-delà, récupèrent et recyclent d'ores et déjà d'énormes volumes de déchets. Les jeunes ouvrent la marche, en particulier en Afrique. Les types appropriés d'incitations commerciales et de soutien pourraient leur permettre d'améliorer leurs conditions de vie et de générer des revenus par le biais d'entreprises vertes.

En tant que mécène de Practical Action, j'apprécie immensément l'engagement de l'organisation à trouver des solutions qui aident réellement les populations pauvres à changer le monde dans lequel elles vivent. Ce rapport illustre l'accent de Practical Action sur les approches axées sur l'humain et fondées sur une compréhension approfondie de ce qui se passe sur le terrain. Il montre que lorsque la dimension humaine est au cœur des actions et qu'elles visent à améliorer la vie des plus pauvres, tout en œuvrant de manière plus durable dans le respect des limites des ressources de notre Planète, ces actions engendrent des changements durables et équitables.

Je me réjouis véritablement de la publication du rapport *Gestion de nos déchets en 2021*, et ne peux qu'encourager ses lecteurs à en mettre les orientations en pratique, en plaçant la dimension humaine au cœur d'une transition rapide vers un avenir plus durable de l'utilisation des déchets.

ÉLOGE DU RAPPORT GESTION DE NOS DÉCHETS

Au cœur du développement humain et durable, les déchets constituent l'un des défis les plus importants du monde urbain, et ils sont essentiels au développement humain et durable. L'émergence des systèmes de gestion des déchets municipaux au début du XXᵉ siècle, suscité par des préoccupations de santé publique, fut incontestablement un important pas en avant. Cependant, elle a conduit à une approche technocratique de la gestion des déchets qui, fondamentalement, ne prenait pas en compte les dimensions liées à un concept élargi du développement humain. Il est temps de prioriser de nouveau la dimension humaine et de la replacer au centre de la gestion des déchets. Il est possible de combiner les préoccupations d'ordre environnemental et social lors de la conception des systèmes urbains. Le rapport Gestion de nos déchets en 2021 de Practical Action « replace la dimension humaine au cœur du débat ». Grâce à un mélange adéquat d'indicateurs de référence, et de méthodes qualitatives et participatives, le rapport examine les éléments matériels et de gouvernance de la gestion des déchets dans les villes sélectionnées, et explore en profondeur les aspects liés aux moyens de subsistance, y compris les dimensions axées sur le genre de la gestion des déchets.

Sonia Maria Dias
Spécialiste des déchets, Femmes au travail dans l'économie informelle : Mondialisation et organisation (WIEGO)

Au cours de cette analyse, Practical Action utilise des outils d'évaluation de pointe, y compris les indicateurs de référence WasteAware. Sa mise à l'essai et son exploration du concept d'une échelle des services de gestion des déchets sont également d'importantes contributions.

Nous devrions prioriser les expériences des individus et l'amélioration générale de la vie quotidienne des populations, prenant en compte à la fois les implications à court et à long terme. Nos évaluations doivent garantir ce résultat et le rapport insiste sur ce fait.

Dr Costas Velis
Chargé de cours en systèmes d'efficacité des ressources, École d'ingénierie civile, Université de Leeds, Royaume-Uni

La gestion des déchets solides est la « Cendrillon » des services publics essentiels. Malgré le fait choquant qu'environ 40 % de la population mondiale n'y ont pas accès, les agences internationales et les ONG traditionnelles du développement n'y prêtent guère attention. Je soutiens Practical Action depuis près de 50 ans, et je me réjouis donc vivement de la publication de cet important nouveau rapport qui comble cette lacune. La plupart des activités de développement ont une approche descendante et se concentrent souvent sur l'infrastructure (de grande échelle). Une grande partie de mon travail au cours des 25 dernières années a principalement porté sur l'expansion d'évaluations de performance et la planification de systèmes de GDS dans les pays en développement pour qu'en même temps que les aspects techniques, ils comprennent la gouvernance (en assurant l'inclusion des parties prenantes), et sur l'étude du secteur du recyclage souvent « informel » en parallèle avec la gestion municipale « formelle » des déchets. Practical Action est allé encore plus loin afin de renforcer les aspects ascendants et axés sur l'humain. Il faut que la gestion durable des déchets et des ressources soit efficace pour les populations les plus pauvres en leur fournissant un service de qualité qui assure la propreté et l'assainissement des zones pauvres, et un moyen de subsistance décent pour la multitude de travailleurs qui fournissent des services de ramassage et de recyclage. Les deux méthodes d'évaluation révisées, les quatre études de cas informatives et les quatre thèmes prioritaires fonctionnent bien. Je vous recommande ce nouveau manifeste important afin de replacer la dimension humaine au cœur de la gestion des déchets solides.

Professeur David C. Wilson
Professeur invité, spécialiste en gestion des ressources et des déchets, Imperial College London ; auteur principal de Global Waste Management Outlook d'ONU Environnement

À PROPOS DE PRACTICAL ACTION

Nous sommes un groupe innovant de développement international qui met en œuvre des idées ingénieuses pour permettre aux populations pauvres de changer le monde qui les entoure. Nous envisageons un monde qui fonctionne mieux pour tous. Nous aidons les individus à trouver des solutions à certains des problèmes les plus difficiles de la planète, les défis aggravés par le changement climatique catastrophique et la persistance des inégalités de genre.

E. F. Schumacher, économiste aux idées radicales qui a remis en question la pensée traditionnelle de l'époque sur l'aide internationale, a fondé Practical Action il y a plus de 50 ans. Il croyait en des solutions adaptées au contexte, dotant les individus des compétences et des connaissances leur permettant de changer leur situation, en des systèmes économiques qui profitent à tous, et en une manière de vivre respectant les limites de la Planète. Bien que les approches de développement aient changé, ces croyances fondamentales demeurent nos lignes directrices et ont été largement mûries.

Nous demeurons profondément ancrés dans la réalité des populations vivant dans la pauvreté. Nous commençons à petite échelle pour comprendre ce qui fonctionne et ce qui peut être amélioré. Nous élaborons des solutions innovantes, sous l'impulsion de la communauté et détenues à l'échelle locale, qui engendrent un changement en profondeur de la vie quotidienne et des moyens de subsistance des populations. Nous visons toutefois grand : en nous concentrant sur les solutions qui apporteront le changement nécessaire des systèmes et sur le rôle le plus efficace que nous puissions jouer.

Nous recherchons également des collaborations ambitieuses pour travailler à l'échelle voulue. Nous forgeons des partenariats fondés sur la confiance avec les communautés, les gouvernements et les organisations internationales, et de plus en plus avec le secteur privé.

REMERCIEMENTS

Gestion de nos déchets en 2021 : Perspective des pays du Sud est rédigé et publié par Practical Action. L'équipe principale ayant compilé ce rapport comprend : Dr Lucy Stevens, Caspar Way et Noémie de La Brosse (Oxford Policy Management), avec la contribution de Mike Webster (Systemiq). Nous envisageons ce rapport comme le premier d'une série continue soulignant les questions principales dans le domaine de la gestion des déchets solides selon une perspective humaine. Nous avions pour objectif un rapport riche en informations probantes provenant des populations directement confrontées aux problèmes et bénéficiant des solutions. Nous avons volontairement intégré les questions de genre et donné la parole aux femmes en tant qu'utilisatrices et fournisseuses de services de gestion des déchets.

Nous tenons par conséquent à remercier tout d'abord les femmes et les hommes de Satkhira, Dhenkanal, Kisumu et Dakar qui ont participé aux recherches pour le rapport Gestion de nos déchets, fournissant des informations précieuses sur les problèmes auxquels ils font face, leurs stratégies d'adaptation, et leur contribution en tant qu'entrepreneurs et fournisseurs de services.

Ce rapport n'aurait pas pu voir le jour sans les équipes de Practical Action au Bangladesh, en Inde, au Kenya et au Sénégal, et les consultants dont l'engagement et le travail soigneux ont permis de fournir les informations sur lesquelles s'appuie ce rapport. Nous remercions Uttam Kumar Saha, Mehrab Ul Goni et Fariduzzaman Shapon (Practical Action Bangladesh), ainsi que Monir Chowdhury et l'équipe de Commitment Consultants au Bangladesh ; Birupakshya Dixit (Practical Action Inde), ainsi que Ranjan Mallick et l'équipe de GeoSpatial Solutions en Inde ; Mathew Okello (Practical Action Afrique de l'Est), ainsi que Harrison Kwach, et Joshua Okello et l'équipe de QDATAMS au Kenya ; et Cheikh Ahmadou Mbodji (Practical Action Consulting Afrique de l'Ouest), et Daniel Vidal et son équipe au Sénégal pour leur contribution. Nous remercions particulièrement Nicola Greene (OPERO Services) et son équipe de nous avoir aidés à élaborer un dossier de terrain cohérent et d'avoir formé les quatre équipes nationales.

Nous tenons également à exprimer notre reconnaissance à nos relecteurs, en particulier Mansoor Ali (consultant) et David C. Wilson (consultant) dont les perspectives et les commentaires ont grandement contribué à façonner le rapport final. Merci également à Mercer Design pour la production de l'infographie et du poster, et à l'équipe de Practical Action Publishing pour sa flexibilité et son professionnalisme tout au long du processus. Merci aussi aux talentueux photographes qui nous ont fourni de magnifiques clichés. Nous espérons qu'elles contribueront à illustrer les divers récits de gestion des déchets et des difficultés rencontrées, mais également les compétences et l'expertise des populations partout dans le monde. Enfin, nous remercions toutes les personnes et les organisations qui ont communiqué des informations sur leurs travaux et nous ont permis d'utiliser leurs données et références dans le rapport *Gestion de nos déchets en 2021*.

ABBRÉVIATIONS ET ACRONYMES

3 R	Réduire, réutiliser et recycler
ANAA	Actions nationales d'atténuations appropriées
ANSD	Agence nationale de la statistique et de la démographie (Sénégal)
APHRC	Centre africain de recherche sur la population et la santé
BIT	Bureau international du travail
CIWM	The Chartered Institution of Wastes Management
CMC/IRM	Centre de microcompostage/Installation de récupération de matériaux
DSM	Déchets solides municipaux
EAH	Eau, assainissement et hygiène
EPI	Équipement de protection individuelle
GDS	Gestion des déchets solides
GIZ	Deutsche Gesellschaft für Internationale Zusammenarbeit
GoB	Gouvernement du Bangladesh
HDI	Hasiru Dala Innovation
IIED	Institut international pour l'environnement et le développement
ISWA	Association internationale des déchets solides
KIWAN	Kisumu Waste Management Association
KKPKP	Kagad Kach Patra Kashtakari Panchayat union
KNBS	Kenya National Bureau of Statistics
MEFP	Ministère de l'Économie, des Finances et du Plan (Sénégal)
MoEF	Ministère de l'Environnement et des Forêts du Bangladesh
MoEF	Ministère de l'Environnement et des Forêts du Kenya
MoEFCC	Ministère de l'Environnement, des Forêts et du Changement climatique d'Inde
MoENR	Ministère de l'Environnement et des Ressources naturelles du Kenya
NEMA	National Environment Management Authority (Kenya)
OMS	Organisation mondiale de la santé
ONU Environnement	Programme des Nations Unies pour l'environnement
PET	Polyéthylène téréphtalate
PFC	Plastics for Change
PPP	Parternariat public/privé
PROMGEDE	Projet de promotion de la gestion intégrée et de l'économie des déchets solides (Sénégal)
PVC	Chlorure de polyvinyle
SWaCH	Coopérative de ramasseurs de déchets détenue par les travailleurs à Pune, Inde
t éq. CO_2	Tonne d'équivalent dioxyde de carbone
UCG	Unité de coordination de la gestion des déchets solides, Sénégal
UNICEF	Fonds des Nations Unies pour l'enfance
WIEGO	Femmes au travail dans l'économie informelle : Mondialisation et organisation
WRA	Water Resources Authority, Jamaïque
WRI	World Resources Institute

LÉGENDES ET CRÉDITS PHOTOGRAPHIQUES

Couverture. S.K. Haider, ramasseur et collecteur informel de déchets à Dhenkanal dans l'Odisha en Inde. (Crédit : Shreeyanka Chowdhury)

Synthèse. Gabriel Obuo, agent informel de propreté (à droite), collectant les ordures ménagères de Pamela Akinyi (à gauche), résidente de Nyalenda, Kisumu au Kenya. (Crédit : Mwangi Kirubi)

Introduction. Décharge municipale et agent de propreté à Satkhira au Bangladesh. (Crédit : Md. Sakib Nawaz)

Page 2. Arouna Fofana, ramasseur et collecteur informel de déchets à Dakar au Sénégal. (Crédit : Bineta Nasr)

Approches de la gestion des déchets solides. Hazrat, agent municipal et informel de propreté à Satkhira au Bangladesh. (Crédit : Md. Sakib Nawaz)

Page 7. Décharge sauvage à Dakar au Sénégal. (Crédit : Bineta Nasr) Évaluation axée sur l'humain. S.K. Haider, agent informel de propreté, collectant les déchets triés d'un ménage à Dhenkanal dans l'Odisha en Inde. (Crédit : Shreeyanka Chowdhury)

Satkhira au Bangladesh. Abu Saleh, agent municipal et informel de propreté à Satkhira au Bangladesh. (Crédit : Md. Sakib Nawaz)

Page 30. Agents municipaux de propreté nettoyant les déchets du point de regroupement à Satkhira au Bangladesh. (Crédit : Md. Sakib Nawaz)

Dhenkanal dans l'Odisha en Inde. Sasmita Sarkar, agent municipal de propreté à Dhenkanal dans l'Odisha en Inde. (Crédit : Shreeyanka Chowdhury)

Kisumu au Kenya. Gabriel Obuo, agent informel de propreté, et sa brouette à Nyalenda, Kisumu. (Crédit : Mwangi Kirubi)

Dakar au Sénégal. Babacar Ndiaye, ramasseur et collecteur informel de déchets à Dakar au Sénégal. (Crédit : Bineta Nasr)

Services de gestion des déchets axés sur l'humain. Utilisateur d'un service municipal de gestion des déchets vidant ses déchets séparés dans un point de ramassage des déchets destinés au recyclage à Dhenkanal dans l'Odisha en Inde. (Crédit : Shreeyanka Chowdhury)

Page 70. Équipe d'agents municipaux de propreté déblayant les rues à Satkhira au Bangladesh. (Crédit : Md. Sakib Nawaz)

Page 72. Les déchets en plastique sont broyés et traités au centre municipal de recyclage à Dhenkanal dans l'Odisha en Inde. (Crédit : Shreeyanka Chowdhury)

Conclusion. Lucy Atieno Oudo, résidente et utilisatrice d'un service informel de gestion des déchets à Nyalenda, Kisumu au Kenya. (Crédit : Mwangi Kirubi)

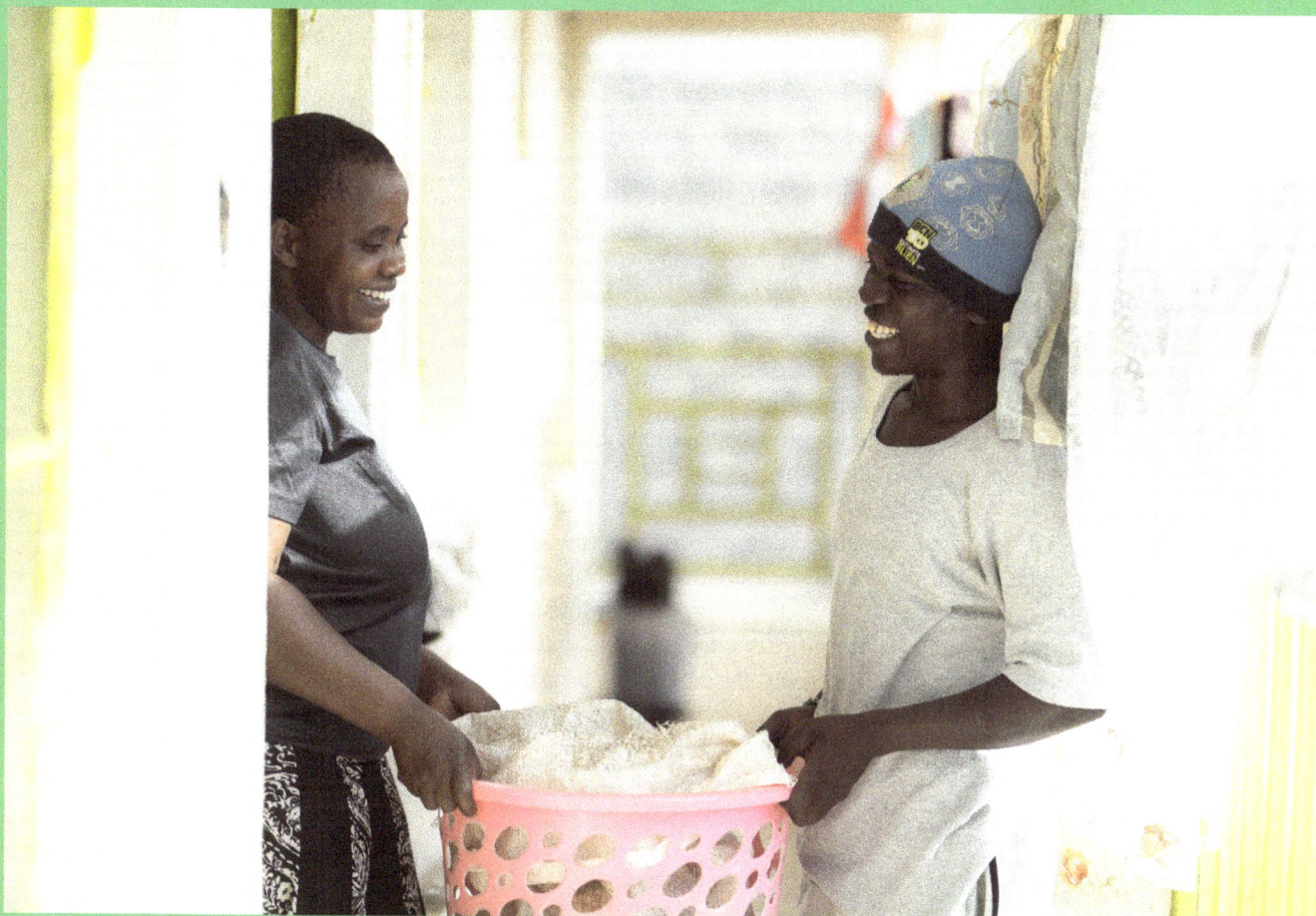

SYNTHÈSE

4,35 milliards de personnes vivent actuellement en zone urbaine dans le monde entier. Cette population génère quotidiennement des déchets solides qui ont besoin d'être éliminés en toute sécurité. Cependant, 2 milliards de personnes vivent dans des zones sans service de ramassage des ordures ménagères, et plus de 90 % des déchets des pays à faible revenu sont jetés à l'air libre ou brûlés. À mesure que les habitudes de consommation changent, les volumes de déchets augmentent. Selon les estimations, les déchets solides municipaux dans les villes à faible revenu d'Afrique et d'Asie devraient doubler d'ici à 2030.

Répercussions considérables de la crise des déchets

Les répercussions de cette crise des déchets sont considérables. Notre recherche se concentre principalement sur les habitants des quartiers pauvres et les communautés à faible revenu qui sont directement touchés par la détérioration des déchets non collectés, et les travailleurs du secteur informel dont les conditions quotidiennes de travail les mettent en danger. Concernant l'aspect sanitaire, les déchets non collectés sont une source potentielle de maladies et attirent les nuisibles porteurs de maladies. L'incinération des déchets à l'air libre peut contribuer à exacerber les infections respiratoires aiguës. Les déchets peuvent également bloquer les toilettes et les systèmes de drainage des eaux, entraînant le déversement d'eaux polluées et usées. Les agents de propreté du secteur informel sont directement exposés aux effets sanitaires et aux risques de blessure, d'infections et de maladies. Ils sont également victimes d'exclusion sociale, de harcèlement et de mauvais traitements.

L'accumulation progressive des déchets peut engendrer de graves dommages environnementaux. Les métaux lourds et d'autres matériaux dangereux peuvent s'échapper, entraînant la destruction d'importants habitats et de terres agricoles. Les communautés pauvres qui vivent souvent près de larges décharges sauvages sont les plus directement affectées. Les matières plastiques ont des effets néfastes sur les écosystèmes marins et d'eau douce. Les décharges sauvages produisent 12 % du total des émissions mondiales de méthane. L'incinération des déchets émet du noir de carbone qui, bien qu'il soit de courte durée, a un effet de réchauffement disproportionné, contribuant entre 2 à 10 % des émissions responsables du changement climatique. Les coûts économiques s'accumulent également, car les moyens de subsistance sont compromis, les dépenses de santé augmentent, ainsi que les catastrophes telles que les inondations.

Une priorité à l'échelle locale, mais une réflexion après coup à l'échelle mondiale

La gestion des déchets constitue souvent une importante priorité politique et économique locale importante, absorbant en moyenne 20 % des budgets municipaux. Cependant, malgré ses répercussions considérables, elle n'est pas prioritaire dans l'ordre du jour mondial de développement, seul 0,3 % de l'aide au développement y ayant été consacrée en 2012. Ce pourcentage a depuis légèrement augmenté grâce aux fonds ciblant les déchets marins et l'économie circulaire. Nous saluons également l'inclusion en 2015 de la gestion des déchets dans les Objectifs de développement durable (cible 11.6.1). Cependant, l'importance du secteur demeure négligeable en comparaison avec d'autres services minimaux tels que l'eau, l'assainissement et l'hygiène.

Seul 0,3 % de l'aide au développement était consacrée à la gestion des déchets solides en 2012

Une approche axée sur l'humain et fondée sur des données probantes mondiales et locales

Les analyses de gestion des déchets solides ont tendance à se concentrer sur les volumes, la composition et les flux de déchets, et sur l'infrastructure et les équipements nécessaires pour résoudre le problème. De récentes préoccupations environnementales ont renforcé cette tendance. Il est urgent de replacer la dimension humaine au cœur du débat en tenant compte des répercussions négatives sur la vie quotidienne des populations et du fait que ces dernières sont susceptibles de trouver les solutions les plus efficaces. Nous suggérons un recentrage sur les systèmes qui profitent aux populations sur le plan de la qualité du service, de l'accessibilité, de la rentabilité, des conditions améliorées de travail et de la valorisation des matières, ce qui accroît la valeur des déchets pour les individus les plus pauvres impliqués dans les chaînes de valeur de cette filière.

Il est urgent de replacer la dimension humaine au cœur du débat

L'adoption d'une approche axée sur l'humain, qui est notre message clé, s'appuie sur l'étude sur le terrain de quatre villes contrastées en octobre 2020 et février 2021. En Afrique, il s'agit de Dakar au Sénégal et de Kisumu au Kenya. En Asie, nous avons sélectionné deux villes plus petites : Satkhira au Bangladesh et Dhenkanal dans l'Odisha en Inde.

Les conclusions s'appuient également sur les meilleurs outils, tels que les indicateurs de référence WasteAware et l'outil Waste Wise Cities d'ONU-Habitat, méthodes qualitatives et participatives supplémentaires permettant de mieux comprendre la réalité sur le terrain. Nous avons pris soin d'explorer les perspectives axées sur le genre tout au long de nos recherches.

Afin de recentrer l'attention sur les services de gestion des déchets plutôt que leur quantité, nous avons adapté et affiné l'échelle des services de gestion des déchets proposée par ONU-Habitat. En mesurant les services selon quatre attributs (accès, qualité, impact des déchets sur la localité et séparation en vue du recyclage), nous avons placé les ménages sur une échelle de cinq échelons, de « Contrôle complet » à « Aucun contrôle/service ». Les niveaux de service ont été comparés par genre et par catégorie de revenus afin de révéler la profondeur des inégalités à l'échelle de la ville.

Principales conclusions

Dans cette étude, nous replaçons la dimension humaine au cœur de la gestion des déchets. Nos études de cas ont illustré un ensemble divers de contextes et de prestations actuelles de services de traitement des déchets. Cependant, nous avons identifié des points communs.

La mauvaise gestion des déchets a un impact différent sur les hommes et les femmes

Accès limité aux services de traitement des déchets, même minimaux

À l'échelle de la ville, la proportion des résidents ne bénéficiant pas d'un service minimal de gestion des déchets allait de 61 à 93 %. Cette proportion était plus élevée dans les zones pauvres et à faible revenu, allant de 84 à 100 % des résidents, sauf à Dhenkanal. Des niveaux aussi bas d'accès ne seraient pas acceptables pour d'autres formes de services essentiels.

Au sein des ménages, les hommes et les femmes étaient touchés de manière différente. Au cours des discussions de groupe et des entretiens, les femmes ont souligné les façons concrètes dont les déchets affectent leur vie et celle de leurs enfants. Elles sont également responsables de la gestion des déchets à l'échelle du ménage, et parfois (mais pas toujours) du paiement des services.

Faible priorité accordée aux déchets ayant le plus gros impact

Bien que les efforts à l'échelle mondiale se concentrent principalement sur les matières plastiques, la vaste majorité des déchets au poids est organique. Ils sont abondants, lourds, sales et polluants. Quand on s'en débarrasse n'importe comment, ils attirent la vermine, entraînent des maladies et leurs répercussions sont importantes sur le milieu de vie. Nous n'avons trouvé que peu d'exemples d'activités informelles de collecte de matières organiques séparées.

Les matières plastiques représentent une plus petite proportion en poids des ordures ménagères, mais elles sont légères, encombrantes et leur dégradation est lente. Le plastique épais, qui est largement collecté par les opérateurs informels, est facilement commercialisable. Ce n'est pas le cas du plastique mince ou des matériaux composites et des sachets plastiques Dans certains endroits, ces déchets sont brûlés, mais ce processus comporte des risques sanitaires. D'autres types de déchets sont également difficiles à éliminer, comme les couches et les serviettes hygiéniques jetables qui constituent un marché en pleine croissance.

Concrètement, les agents informels de propreté font le recyclage

Dans toutes les villes étudiées, les entrepreneurs informels effectuent la grande majorité de la récupération et du recyclage. Entre 20 et 84 % des ménages séparent les déchets pour les donner ou les vendre aux négociants. Ces ramasseurs, récupérateurs et regroupeurs savent trier, classer, nettoyer et traiter les déchets afin de répondre aux besoins de l'économie de recyclage, et ils ont également une bonne connaissance des chaînes d'approvisionnement des déchets. Cependant, les exigences réglementaires strictes, le manque de garantie d'accès à la terre ou de financement pour investir dans des équipements peuvent limiter leur expansion.

Presque tous les travailleurs du secteur informel de traitement des déchets sont victimes de formes de discrimination et de mauvais traitements, et encourent des risques lorsqu'ils manipulent des déchets dangereux sans équipement les protégeant suffisamment et sans processus sécurisés. Les femmes constituent souvent une minorité des travailleurs et peuvent être confinées dans des rôles particuliers, ce qui signifie qu'elles ne peuvent avoir accès qu'aux flux de déchets de moindre valeur. Dans trois des quatre villes, Nous avons rencontré des exemples d'associations œuvrant activement afin d'améliorer la vie quotidienne de leurs membres.

> Les entrepreneurs informels effectuent la grande majorité de la récupération et du recyclage dans toutes les villes

L'amélioration des services de ramassage des ordures ménagères ne promeut pas toujours le recyclage

Les collectivités locales ont souvent du mal à garantir des ressources suffisantes pour mener à bien leur mandat, en particulier dans les villes secondaires. Se rendant compte du besoin de services de ramassage des ordures ménagères, les municipalités octroient souvent un permis au secteur privé afin d'améliorer les taux de ramassage. Les efforts municipaux en vue de stimuler le ramassage peuvent parfois entraîner des taux plus faibles de recyclage, et les collectivités locales réussissent rarement à impliquer ou à maîtriser le dynamisme des opérateurs de la récupération et du recyclage. Nos recherches montrent que les ressources, les capacités et le soutien mis à la disposition sont extrêmement limités, bien que l'exemple de Dhenkanal montre qu'un changement ambitieux est possible.

> Les efforts municipaux en vue de stimuler le ramassage peuvent parfois entraîner des taux plus faibles de recyclage

Un appel à l'action axée sur l'humain

À l'échelle mondiale, il existe un certain nombre d'exemples prometteurs de ce qu'un abandon des approches traditionnelles peut permettre d'accomplir (Chapitre 2). Notre analyse suggère quatre domaines d'action en vue d'une approche plus axée sur l'humain :

- **Suivi de la gestion des déchets en tant que service axé sur l'humain**. Adoption d'une échelle d'accès aux services de traitement des déchets, et ventilation par revenus et par genre afin de souligner où il est nécessaire d'agir. Les cibles doivent être définies en fonction de ces données afin d'améliorer la proportion de ceux qui ont au moins accès à des services essentiels de gestion des déchets.

- **Traitement des déchets qui affectent le plus les populations**. Promotion accrue de la séparation à la source par les ménages, soutenue par de nouvelles options de gestion des flux de déchets les plus polluants ou les plus dangereux pour les êtres humains, en particulier les femmes et les enfants.
- **Amélioration de la vie et des conditions de travail des agents informels de propreté**. Une première étape consiste à reconnaître et à valoriser la contribution du ramassage, du recyclage et des activités de négoce des déchets qui sont informels. Il est nécessaire de lutter contre la discrimination, les mauvais traitements et les inégalités entre les sexes, et de soutenir les travailleurs du secteur informel pour une meilleure valorisation des déchets. De nouveaux systèmes et partenariats public-privé sont requis pour que l'expertise et le dynamisme de ce secteur puisse se développer.
- **Prise en compte de la perspective de ceux qui sont les plus touchés**. À toutes les échelles, les politiques de gestion des déchets ne doivent pas seulement être centrées sur les avantages environnementaux, mais également sur l'amélioration des conditions de vie des communautés et des travailleurs les plus pauvres. Leur voix doit être entendue dans tous les principaux processus décisionnels.

Ces changements exigent le passage à l'action d'un vaste éventail de parties prenantes, dont les administrations municipales, les gouvernements nationaux, les entreprises mondiales et nationales, les institutions et les bailleurs de fonds du développement. L'action en faveur de la gestion des déchets touche un ensemble de secteurs traditionnels du développement, de celui de l'urbanisation à celui de l'économie et des moyens de subsistance, en passant par l'émancipation des jeunes et les mouvements de protection de l'environnement. Les opportunités surgissent de plus en plus, et c'est le moment de les exploiter pour que les populations les plus vulnérables et la planète en tirent le meilleur profit.

1 INTRODUCTION

Nous sommes devenus une espèce urbaine. D'ici à 2050, près de 7 personnes sur 10 vivront en ville, un grand nombre d'entre elles dans les mégapoles des pays du Sud (DAES/UNDESA, 2018). L'urbanisation entraîne l'augmentation des volumes et de la complexité des déchets solides produits. La quantité de déchets produite à l'échelle mondiale devrait doubler d'ici à 2050 par rapport aux niveaux de 2017 (Kaza et coll., 2018). Il est par conséquent d'autant plus crucial de maîtriser la gestion des déchets, en particulier dans les zones où l'urbanisation rapide coïncide avec l'absence de services complets de gestion des ordures ménagères.

Deux milliards de personnes n'ont pas accès au service de collecte des ordures ménagères et trois milliards à l'élimination contrôlée des déchets (PNUE/UNEP/ISWA, 2016). La couverture du système de collecte des ordures ménagères dans les pays en développement est plus faible qu'ailleurs, mais ces pays dépensent en moyenne 20 % de leurs budgets municipaux dans la gestion des déchets. Malgré cela, plus de 90 % des déchets des pays à faible revenu continuent à être jetés ou brûlés à l'air libre (Kaza et coll., 2018).

La gestion inadéquate des déchets a de graves conséquences sur la santé et l'environnement et nuira aux efforts de concrétisation des Objectifs de développement durable (ODD) si rien n'est fait pour y remédier (Kaza et

coll., 2018). La mauvaise gestion des déchets solides entraîne une variété de répercussions négatives (CIWM/WasteAid, 2018) sur :

- l'environnement : pollution des eaux de surface et souterraines ; émissions de gaz à effet de serre ayant un impact sur le changement climatique ; pollution atmosphérique ; plastique polluant l'environnement marin ; effets nuisibles sur la faune ; inondations ;
- la santé humaine : maladies respiratoires ; retard de croissance ; maladies hydriques ; maladies infectieuses ;
- l'économie : frais de santé ; pertes de productivité ; dégâts causés par les inondations ; réduction des revenus provenant du tourisme ; coûts de nettoyage ; opportunités manquées ; inégalités sociales.

Une bonne gestion des déchets est une opportunité de développement

Les déchets peuvent également constituer une opportunité économique, particulièrement pour les groupes marginalisés. Des habitants des ruelles d'Accra ou de Lagos réparent les ordinateurs et les smartphones jetés à la poubelle, tandis que les travailleurs des chantiers de « shoddy » de Panipat en Inde recyclent les textiles, et que ceux de Cox's Bazar au Bangladesh récupèrent des matériaux réutilisables sur les navires abandonnés sur les plages. C'est ce qu'on appelle l'économie secondaire inclusive, qui emploie des millions de personnes dans le monde entier.

Les liens multiples entre l'amélioration de la gestion des déchets solides et les Objectifs de développement durable sont présentés dans le Tableau 1.1. Une gestion adéquate des déchets peut contribuer à concrétiser tous les ODD (Wilson, 2021).

Tableau 1.1 Déchets et Objectifs de développement durable

Vert = lien direct
Nombre = cible ODD qui exige explicitement un niveau minimal de gestion des déchets
Vert clair = lien direct, mais difficile à mesurer
Jaune = lien indirect

	1. Accès à tous les services minimaux de ramassage des ordures ménagères	2. Arrêt du dépôt sauvage et de l'incinération à l'air libre incontrôlés des déchets	3. Gestion adéquate de tous les déchets, en particulier les déchets dangereux	4. Réduction des déchets et création d'emplois dans le recyclage	5. Diminution de moitié des déchets alimentaires et réduction du gaspillage alimentaire dans la chaîne d'approvisionnement	6. Facteurs relatifs à la gouvernance dont dépend une gestion durable des déchets
1. Éradication de la pauvreté	1.4					
2. Faim « zéro »						
3. Bonne santé et bien-être						
4. Éducation de qualité						
5. Égalité entre les sexes						
6. Eau propre et assainissement		6.3				
7. Énergie propre et d'un coût abordable						
8. Travail décent et croissance économique						
9. Industrie, innovation et infrastructure						
10. Inégalités réduites						
11. Villes et communautés durables	11.1, 11.6	11.6	11.6			
12. Consommation et production responsables			12.4	12.5	12.3	
13. Lutte contre le changement climatique						
14. Vie aquatique	14.1	14.1				
15. Vie terrestre						
16. Paix, justice et institutions efficaces						
17. Partenariats pour la réalisation des objectifs						

Source : Wilson, 2021 : Figure 7.1

En attendant, de nombreuses administrations municipales s'orientent vers une formalisation des systèmes de collecte des ordures ménagères. Si ce processus n'est pas bien géré, il risque d'empirer la situation : les personnes vulnérables du secteur informel du recyclage pourraient perdre leurs moyens de subsistance et dans certains cas, les systèmes formels diminuent la couverture de collecte et les taux de recyclage.

L'ordre du jour mondial de développement néglige les déchets solides

En 2012, seul 0,3 % de l'aide au développement était consacrée à la gestion des déchets solides (Lerpiniere et coll., 2014). Jusqu'à présent, l'accent était mis sur le traitement et le confinement des matériaux plutôt que sur l'élaboration de solutions financièrement durables en vue de garantir la collecte des déchets pour tous, sans nuire aux moyens de subsistance de ceux qui travaillent déjà dans le secteur. Cette négligence entraîne une qualité médiocre des données sur les déchets, ce qui limite les opportunités de partage des expériences entre professionnels.

Cependant, Le triple gain qu'offre l'économie circulaire inclusive est de plus en plus reconnu : un environnement urbain propre et sain, des emplois pour les plus vulnérables et un moyen de lutter contre l'urgence climatique et les déchets maritimes.

Les objectifs de ce rapport

Les solutions réellement efficaces dans le contexte de revenus plus faibles connaissent un regain d'intérêt. Cette publication vise à placer la dimension humaine fermement au cœur de la question, en faisant de la qualité des services de traitement des déchets (ramassage, transport, élimination, réutilisation, recyclage) la priorité. Elle examine également comment les populations les plus marginalisées peuvent faire partie de la solution. Plutôt que de nous focaliser uniquement sur les quantités et les catégories de déchets, nous mettons l'accent sur les systèmes qui profitent aux populations sur le plan de la qualité du service, de l'accessibilité, de l'abordabilité et des conditions de travail. Ce qui compte avant tout, c'est que les déchets soient collectés, que certains puissent être valorisés et qu'ils soient bien gérés après leur collecte. Voici nos questions fondamentales de recherche :

- Pourquoi une bonne gestion des déchets solides est-elle importante pour les communautés les plus pauvres ?

- Comment les plus pauvres gèrent-ils leurs déchets ? Quelles sont les répercussions de l'absence d'un service ?

- Comment peut-on mettre en place des systèmes inclusifs à l'aide de partenariats public-privé efficaces qui tiennent compte de toute la chaîne (des ménages et ramasseurs de déchets aux regroupeurs et transformateurs), et qui garantissent une répartition équitable de la valeur et permettent à tous de sortir de la pauvreté ?

Nous reconnaissons la flexibilité et la portée du secteur informel de recyclage. Il offre des services à ceux qui n'en ont pas les moyens ou qui habitent des endroits non desservis par le secteur formel (Wilson et coll., 2006 ; Velis, 2017). En effet, ces approches informelles laissent peut-être entrevoir un avenir de systèmes de ramassage de haute qualité, complets et flexibles que les approches de certaines politiques municipales traditionnelles peinent parfois à offrir.

L'échelle de la crise mondiale des déchets est réellement alarmante, une personne sur quatre n'ayant pas accès à une gestion adéquate des déchets. Les océans remplis de plastique, les méga-décharges incandescentes en bordure de la plupart des villes des pays en développement et les milliers de communautés submergées par les déchets illustrent bien cette situation. Il est clair que quelque chose ne fonctionne pas bien. Il est temps de porter un nouveau regard sur le problème et de mettre l'accent sur des approches qui permettent à tous d'avoir accès à la gestion des ordures et de vivre dans un environnement propre et sain.

2 APPROCHES DE LA GESTION DES DÉCHETS SOLIDES

On pourrait faire valoir que les déchets sont simplement « les effluents de l'affluence ». Le développement des économies et la croissance des populations entraînent une augmentation constante des volumes de déchets produits, et leur composition se diversifie : les déchets étaient auparavant principalement organiques et comprennent à présent des volumes croissants d'emballages « secs », tels que le papier, les métaux, le verre, les déchets d'équipements électriques et électroniques (DEEE) et le plastique.

La gestion des déchets n'est pas un nouveau défi pour les urbanistes. Au XIXᵉ siècle, par exemple, Londres a connu une série d'épidémies directement liées au mauvais assainissement et à la gestion insuffisante des déchets solides. Plus de 250 000 personnes sont mortes du choléra entre 1848 et 1854. La variole, la fièvre typhoïde, la fièvre entérique et le typhus ont également été très meurtriers (Herbert, 2007).

Le ramassage de déchets et le recyclage ont tendance à être organisés différemment à mesure que l'économie des zones urbaines se développe. La réglementation, et la capacité du gouvernement à fournir et à gérer des services se renforcent (Wilson, 2007). Compte tenu des préoccupations de santé publique, la municipalité commence à organiser le ramassage des ordures et à interdire l'incinération et le dépôt de déchets à l'air libre, puis prend des mesures visant à améliorer l'élimination et le confinement des déchets dans des décharges sanitaires. Les questions environnementales finissent par orienter les politiques, et la séparation des déchets, la responsabilité des producteurs, les instruments fiscaux et les stratégies de changement du comportement deviennent la priorité. Whiteman et coll. (2021) définissent neuf « bandes de développement » fondées sur l'observation de l'évolution des systèmes de gestion des déchets (résumée dans l'encadré 2.1).

Encadré 2.1 Comment les systèmes de gestion des déchets évoluent-ils ?

Selon les observations, les approches « traditionnelles » de développement de systèmes de ramassage et d'élimination des ordures ménagères suivent les étapes décrites ci-après.

Bandes 1 à 4 : Phases précoces du développement de systèmes. Lors de cette première étape, la plupart des ménages n'ont accès à aucun service de ramassage des ordures ménagères et gèrent eux-mêmes leurs déchets. Dans les bandes 2 et 3, des services sont en place et élargis, mais tout le monde n'y a pas encore accès. L'élimination commence à se conformer à de meilleures normes. Dans la bande 4, le contrôle est consolidé et des zones plus difficiles d'accès bénéficient de services.

Bande 5 : Cible de référence. À cette étape, au moins 95 % des déchets sont ramassés et éliminés de manière contrôlée, en conformité avec l'indicateur 11.6.1 des ODD.

Bandes 6 à 9 : Meilleure qualité et contrôle accru. Dans ces bandes de développement, deux approches distinctes sont adoptées. L'une met l'accent sur des systèmes orientés vers le marché : limiter les coûts est la priorité et les forces du marché dictent l'équilibre entre élimination et recyclage (bandes 6 et 7). L'autre consiste à établir une réglementation afin de prioriser des taux élevés de récupération. Dans les bandes 8 et 9, des instruments fiscaux (taxes, crédits de recyclage, etc.) ou des règles et obligations sont utilisés pour augmenter les taux de recyclage.

Bande 0. C'est la finalité espérée de toute économie « zéro déchet » réellement circulaire qu'aucune ville ni aucun pays n'a encore atteinte.

Source : Whiteman et al. (2021)

Le processus présenté dans l'encadré 2.1 exige des ressources financières et un gouvernement central solide. À mesure que l'urbanisation progresse, les professionnels du développement doivent se demander si la dégradation de l'environnement urbain pour les plus pauvres est un état de fait tout simplement inéluctable. Faut-il attendre que la qualité de la gouvernance et des finances publiques soit suffisamment forte pour collecter et maîtriser les déchets solides, et le secteur informel doit-il inévitablement être écarté pour faire place à des prestataires publics ou privés ? Existe-t-il des alternatives qui évitent ces répercussions négatives et produisent le même (ou un meilleur) résultat à moindres frais ?

Pourquoi une gestion décente des déchets pour tous est-elle importante ?

La mauvaise gestion des déchets solides a de graves répercussions sur la santé, l'environnement et l'économie, qu'il est essentiel de prendre en compte pour atteindre les Objectifs de développement durable (Kaza et coll., 2018).

Répercussions sur la santé

La proximité de décharges sauvages à l'air libre est liée à la recrudescence et à la propagation d'infections pathogènes telles que le choléra et d'autres maladies dans diverses villes africaines (Osei et Duker, 2008 ; Abul, 2010 ; Suleman et coll., 2015 ; Jerie, 2016).

Les déchets non collectés ont un impact direct sur l'efficacité des toilettes et des systèmes d'évacuation d'eau parce qu'ils les bloquent, les remplissent et réduisent leur efficacité, créant un environnement propice aux vecteurs associés à une transmission par voie fécale-orale. Les données d'ONU-Habitat montrent que les taux de diarrhée sont deux fois plus élevés lorsque les déchets solides ne sont pas collectés (ONU-Habitat/UN-Habitat, 2009), et que les enfants qui grandissent dans des conditions insalubres de ce type sont vulnérables à l'entéropathie environnementale, une inflammation intestinale chronique (Korpe et coll., 2012 ; Ali et coll., 2016). Cela entraîne la malnutrition chronique (ibid.), le retard de croissance (Prendergast et Kelly,

2012), les troubles du développement neurocognitif (Bhutta et Guerrant, 2017 ; John et coll., 2017) et une réduction de l'efficacité de la vaccination orale (Czerkinsky et Holmgren, 2015 ; Gilmartin et Petri, 2015).

Les déchets non collectés sont souvent brûlés à l'air libre. Les enfants des ménages qui brûlent leurs déchets solides à l'air libre souffrent six fois plus d'infections respiratoires aigües (Scheinberg et coll., 2010). Des estimatifs récents montrent que l'incinération incontrôlée des ordures ménagères provoque tous les ans 270 000 décès prématurés supplémentaires dans le monde (Kodros et coll., 2016). Ils suggèrent que les émissions de nombreux polluants atmosphériques sont grandement sous-estimées parce que le brûlage des déchets à l'air libre n'est pas comptabilisé (Wiedenmyer et coll., 2014).

Même lorsque les déchets sont collectés, il n'existe souvent pas de centre adapté de regroupement. Selon les estimatifs, 40 % des déchets du monde entier finissent dans des décharges sauvages (ONU Environnement/UNEP/ISWA, 2015). Les enfants et les adolescents qui vivent et vont à l'école près de la méga décharge de Dandora à Nairobi au Kenya souffrent d'infections des voies respiratoires supérieures, de bronchites chroniques, d'asthme, d'infections fongiques et de dermatites allergiques et non spécifiées. Les analyses sanguines d'enfants des environs de Dandora révèlent que les concentrations de substances toxiques de la moitié d'entre eux sont égales ou supérieures à la concentration maximale acceptée à l'échelle internationale, à savoir 10 µg/dl (Kimani, 2005). Les décharges sauvages ne sont souvent pas surveillées et ne bénéficient d'aucune technologie environnementale empêchant le rejet de déchets dans les terres et les cours d'eau environnants (ISWA, 2016). L'infiltration du lixiviat provenant des décharges non contrôlées constitue une menace particulière dans les petits États insulaires tels que la Jamaïque, dont un quart des eaux souterraines est contaminé (WRA, 2008).

Ceux qui vivent dans les décharges et qui y récupèrent des déchets sont constamment exposés à des risques de blessures, de nuisibles, de maladies et de décès. En mars 2017, 113 personnes sont décédées lors de l'effondrement d'une décharge à Addis Abeba en Éthiopie (Duggan, 2017). Un mois plus tard, celui d'une décharge sauvage de la ville de Colombo au Sri Lanka a entraîné la mort de 28 personnes et plusieurs centaines de familles se sont retrouvées sans abri (Kotelawala, 2017).

Répercussions économiques

Dans certains endroits, un tiers du bétail et la moitié des chèvres ingurgitent tellement de plastique que cela affecte leur santé et leur poids, de leur vivant et à l'abattage (Tiruneh et Yeswork, 2010 ; Mushonga et coll., 2015) ; le rejet de déchets solides dans les océans peut entraîner la réduction ou la pollution des stocks halieutiques ; les déchets, le plastique en particulier, bloquent les canalisations, entraînant parfois des inondations destructrices, comme c'est le cas de celles que connaissent annuellement les villes d'Inde et d'Afrique occidentale et orientale (Scheinberg et coll., 2010) ; et les revenus du tourisme peuvent être gravement compromis quand la gestion des déchets est mauvaise.

En termes de rentabilité, les coûts de l'inaction de la société sont 5 à 10 fois supérieurs aux coûts d'une gestion adéquate des déchets (ONU Environnement/UNEP/ISWA, 2015). Une étude récente a révélé que la gestion communautaire des déchets rapporte 10 dollars américains pour chaque dollar investi, et réduit également jusqu'à 90 % le besoin d'installations centralisées et onéreuses de gestion des déchets (Gower et Schroeder, 2018).

Les enfants des ménages qui brûlent leurs déchets souffrent six fois plus d'infections respiratoires aigües

Le méthane émis par les décharges représente 12 % du total des émissions mondiales

Déchets et changement climatique

Les déchets ont un impact sur le changement climatique de plusieurs manières : le méthane émis par les décharges représente 12 % des émissions mondiales totales de méthane, soit le 2e pourcentage le plus élevé d'émissions en 2010 (Hoornweg et Bhada-Tata, 2012). Le méthane contribue à environ 17 % du forçage radiatif total de tous les gaz à effet de serre (Stocker, 2013). Les émissions en équivalent dioxyde de carbone associées à la gestion mondiale des déchets solides qui étaient estimées à 1,6 milliard de tonnes en 2016, devraient passer à 2,6 milliards de tonnes d'ici à 2050 (Kaza et coll., 2018).

En parallèle, de récentes recherches suggèrent que les émissions de noir de carbone (suie) provenant de l'incinération à l'air libre des déchets ont un impact climatique équivalent de 2 à 10 % des émissions mondiales éq. CO_2, soit 2 à 8 fois supérieures à celles issues de la décomposition de quantités équivalentes de déchets biodégradables. Le noir de carbone a un potentiel de réchauffement planétaire jusqu'à 5 000 fois supérieur au dioxyde de carbone (CO_2) et a d'autres effets sanitaires localisés préjudiciables (Reyna-Bensusan et coll., 2019).

L'impact du carbone sur la production et l'élimination du plastique à usage unique est également considérable. Selon les estimatifs, la production et l'incinération du plastique en 2019 ont entraîné le rejet de plus de 850 millions de tonnes métriques de gaz à effet de serre dans l'atmosphère. Ces estimatifs n'incluent pas les 32 % de déchets provenant des emballages plastiques qui ne sont pas gérés, le brûlage à l'air libre du plastique, l'incinération sans récupération d'énergie ou d'autres pratiques difficiles à quantifier (Kistler et Muffett, 2019).

D'un autre côté, une réorientation mondiale vers une économie circulaire, y compris l'augmentation de la réutilisation et de la longévité des matériaux, et l'utilisation de matières premières recyclées, diminuerait de 45 % les émissions mondiales de CO_2 (Ellen MacArthur Foundation, 2019). Outre ces aspects, les émissions associées aux niveaux sans cesse croissants de consommation sont actuellement responsables d'environ 60 % des émissions mondiales de gaz à effet de serre, et de 50 à 80 % du total de l'usage des terres, des matériaux et de l'eau (Ivanova et coll., 2015).

Comment les plus pauvres gèrent-ils leurs déchets ?

Les pauvres des zones urbaines n'ont pas ou peu accès au ramassage formel des ordures ménagères, tandis que les zones plus riches sont beaucoup mieux desservies

Le fait que, dans de nombreux endroits, les pauvres des zones urbaines n'ont pas ou peu accès au ramassage formel des ordures ménagères est largement reconnu. Au Bénin, par exemple, seuls 10 % des zones pauvres ont accès à des services de ramassage des ordures ménagères tandis qu'environ 50 % des ménages des autres zones sont desservis. En Éthiopie, environ 30 % des déchets des zones pauvres sont collectés comparé à 60 % de ceux des autres zones (ONU/UN-Habitat, 2009).

Pourquoi ? Dans de nombreux cas, l'absence de ramassage des ordures ménagères est dû aux tarifs inabordables du service formalisé proposé par le secteur privé et/ou à leur difficulté d'accès physique aux communautés informelles (Godfrey, 2018). Les droits de ramassage des déchets et de facturation du service d'une localité donnée sont souvent détenus en exclusivité par certains entrepreneurs, excluant ainsi tous les autres. Cela conduit de facto au « picorage » du secteur privé et à des monopoles qui se concentrent sur les zones les plus riches qui sont susceptibles d'accepter des tarifs plus élevés, négligeant les communautés informelles mal desservies et les sites de ramassage communautaires qui se transforment souvent en mini décharges sauvages. L'incapacité des municipalités à faire appliquer les lois, y compris lorsqu'il existe un accord de ramassage des déchets dans les aires communes, ne fait qu'aggraver le problème.

La gestion des ordures ménagères comporte également une dimension de genre. Ce sont souvent les femmes qui gèrent et éliminent les ordures ménagères, et surveillent la consommation du ménage. Elles jouent un rôle clé dans la socialisation des enfants et la normalisation des nouveaux comportements et habitudes nécessaires à l'introduction d'une nouvelle approche de gestion des déchets, bien que dans de nombreuses sociétés patriarcales, elles ne prennent pas les décisions finales (Ali, 2018).

Les ramasseurs informels de déchets sont souvent les seuls prestataires de service dans les zones informelles d'habitation et où les revenus sont plus faibles (Gunsilius et coll., 2011). Des « borla-taxis » d'Accra aux « pousse-pousseurs » de Kinshasa, il existe de nombreux exemples de systèmes locaux de ramassage informel offrant un service que personne d'autre ne veut fournir, à un prix abordable pour la population locale. Cependant, certains prestataires informels sont également susceptibles de jeter les déchets à l'air libre ou dans des décharges de facto illégales.

Comme les pauvres sont moins susceptibles d'avoir accès au ramassage de leurs ordures, ils sont les plus touchés par les répercussions sanitaires, économiques et environnementales, ce qui constitue un cas flagrant d'injustice environnementale. Les décharges sauvages ont tendance à être situées au sein ou dans les environs des communautés à plus faible revenu, et ceux qui gagnent leur vie en y travaillant sont souvent les plus marginalisés (ISWA, 2016).

Travailleurs informels dans le traitement des déchets et le recyclage

La motivation principale des travailleurs du secteur informel des déchets, décrit par Wilson et coll. (2006) comme « la fabrication ou la fourniture de services à petite échelle, à forte intensité de main-d'œuvre, à faible utilisation de technologies et largement non réglementée », est généralement simple : gagner leur vie en triant et vendant des matériaux recyclables. Ces travailleurs sont principalement des familles et des microentreprises comprenant des femmes, des enfants et des personnes âgées (Kaza et coll., 2018). Les larges catégories d'agents informels de propreté comprennent ceux qui sont payés par des entreprises et des ménages pour ramasser et transporter les déchets résiduels ; ceux qui ramassent ou achètent certains matériaux pour leur revente ; et les artisans qui transforment les matériaux recyclés en articles pour la vente (p. ex. canettes en aluminium transformées en marmites).

La prospérité du recyclage informel dépend d'une gestion inadéquate des déchets solides incluant l'accès non contrôlé aux décharges ou aux déchets sauvages. Les opérateurs informels ne peuvent offrir leur service aux ménages et aux entreprises sans crainte de poursuites judiciaires que si la réglementation est suffisamment laxiste.

Le ramassage de déchets[1] est la première étape du processus. Elle consiste à collecter les déchets dans les décharges sauvages ou auprès des producteurs de déchets. Les ramasseurs sont souvent issus de groupes marginalisés, parfois des personnes déplacées à l'échelle régionale ou en interne, ou les membres de certains groupes ethniques ou de castes, tels que les Zabbaleen (ou Zabbalin) en Égypte ou les Intouchables en Inde. L'attrait du recyclage informel tient des conditions d'accès minimales et des marges de profit relativement élevées (Wilson et coll., 2006).

Ce sont souvent les femmes qui gèrent et éliminent les ordures ménagères, et surveillent la consommation du ménage

Taille du secteur informel de recyclage

Le nombre de personnes impliquées dans le secteur informel du recyclage se compte en millions : un éventail d'estimatifs suggère qu'il s'agit de 2 % de la population mondiale urbaine totale des pays à plus faible et moyen revenus (Gunsilius et coll., 2011) ; 15 millions de personnes dans le monde entier (Velis, 2015) ; 1,5 million de personnes en Inde (WIEGO, 2010) ; entre 500 000 et 4 millions de personnes en Amérique latine (Marello et Helwege, 2014).

Une étude récente des répercussions économiques des activités du secteur informel dans six villes (Cluj, Le Caire, Lima, Lusaka, Quezon City et Pune) a révélé que l'ensemble de la valorisation informelle générait un profit net total de 130 millions d'euros, que se partagent 73 000 travailleurs informels (Gunsilius et coll., 2011). Au Bangladesh, la valeur du secteur informel est estimée à 173 millions de dollars américains (Stevens et coll., 2019).

D'autre part, les taux de recyclage et de revalorisation sont potentiellement très élevés. Le groupe des Zabbaleen du Caire, par exemple, parvient à recycler 80 % des déchets (cf. encadré 2.2) grâce à leur approche intensive en main-d'œuvre de ramassage et de triage, et leur expertise de valorisation des déchets (Gunsilius et coll., 2011). Cela conduit à un paradoxe : les taux de recyclage de nombreuses villes des pays à faibles revenus, qui n'ont pas accès à un ramassage complet des ordures ménagères, sont plus élevés que dans les pays à revenus supérieurs. Parmi eux, citons Nairobi dont environ 30 % des déchets sont recyclés, ou Quezon City avec 40 % (Fargier, 2015). Ces taux sont comparables, et même supérieurs, à ceux de Rotterdam (23 %) et de Londres (33 %) (SOENECS, 2017), tout en ne coûtant rien ou presque au Trésor public.

Défis auxquels les agents informels de propreté sont confrontés

Bien que les agents informels de propreté puissent fournir des avantages sociaux transformateurs, leur bien-être est beaucoup trop souvent négligé : ils ne paient généralement pas d'impôts, n'ont pas de permis et travaillent dans l'illégalité, ce qui signifie qu'ils n'ont accès ni à la sécurité sociale ni aux régimes d'assurance de l'État (Haan et coll., 1998). Travailler quotidiennement avec les déchets les expose à de multiples risques professionnels, dont des pathogènes, des produits chimiques et des conditions insalubres, exacerbées si l'équipement et les vêtements de protection ne sont pas disponibles ou abordables (Wilson et coll., 2006). Lors d'un sondage national effectué en 2019 au Bangladesh, 44 % des agents de propreté et de salubrité déclaraient que les risques de blessures au travail étaient élevés (Stevens et coll., 2019). L'espérance de vie des récupérateurs de déchets est parfois considérablement réduite : une étude sur les récupérateurs de déchets de Mexico estimait que l'espérance de vie était de seulement 39 ans alors que la moyenne de l'ensemble de la population urbaine était de 67 ans (Wilson et coll., 2006).

Le crime organisé constitue également une menace, les criminels locaux contrôlant l'accès aux décharges sauvages et se livrant au racket de protection, comme à la décharge de Dandora à Nairobi (Muindi et coll., 2016 ; Gumbihi, 2013). Les ramasseurs formels de déchets, à savoir les entreprises ayant un permis ou les services municipaux, quant à eux, les perçoivent comme des irritants, ou pire, comme des criminels. Chvatal (2010) décrit comment l'interdiction faite aux récupérateurs de déchets du Cap-Occidental (Afrique du Sud) de collecter les déchets dans les déchetteries locales les a criminalisés, ce qui a entraîné des confrontations, des violences et des meurtres (Kretzmann, 2020).

Les recycleurs informels sont victimes de discrimination : ils sont perçus comme arriérés, manquant d'hygiène et inadaptés à un environnement urbain moderne et propre (Wilson et coll., 2006). Les récupérateurs de déchets

Les taux de recyclage de nombreuses villes des pays à faibles revenus sont plus élevés que dans les pays à revenus supérieurs

Selon des estimatifs, l'espérance de vie des récupérateurs de Mexico était de seulement 39 ans

de Mumbai ont été accusés d'avoir provoqué les gigantesques incendies continus de décharges qui ont entraîné des émanations de fumée dans toute la ville (Laskhmi, 2016). Les ramasseurs formels de déchets pensent que les travailleurs du secteur informel leur font de la concurrence déloyale parce qu'ils extraient des matériaux de haute valeur des flux de déchets (Wilson et coll., 2006). Au Bangladesh, 98 % des travailleurs informels ont déclaré avoir été maltraités ou ridiculisés à cause de leur travail ; que leurs familles avaient été exclues d'événement sociaux ; qu'ils avaient du mal à marier leurs enfants ; et même que leurs enfants avaient du mal à trouver du travail à cause de leur parenté (Stevens et coll., 2019).

Le secteur informel du recyclage, en particulier les récupérateurs de déchets, souffre également d'un manque généralisé de mobilité économique. Le manque d'accès au crédit signifie qu'ils n'ont pas la possibilité d'élargir leur activité. Ils sont par conséquent plus vulnérables à l'exploitation par des intermédiaires, car ils ne peuvent pas accumuler de ressources suffisantes afin d'investir dans leur expansion (Fergutz et coll., 2011 ; Gunsilius et coll., 2011).

Les récupératrices de déchets sont confrontées à encore plus de défis

Les femmes jouent un rôle important au sein du secteur informel du recyclage. Ainsi, les femmes représentent environ 80 % des récupérateurs de déchets en Inde, environ 93 % des balayeurs de rue du district de Bangsue de Bangkok en Thaïlande, et 60 % des récupérateurs de déchets dans les décharges sauvages (Hunt, 1996 ; Madsen, 2006 ; Dias et Fernandez, 2013). Les récupératrices de déchets sont confrontées à de nombreux défis hormis le fardeau des relations hiérarchiques hommes-femmes chez elles et dans leurs communautés. Au Bangladesh, par exemple, des études montrent un écart flagrant de la rémunération des récupérateurs de déchets selon leur genre, les hommes gagnant environ le double des femmes. Les ramasseuses sont également confrontées à des risques professionnels d'ordre sanitaire qui leur sont propres, comme les problèmes respiratoires lors du balayage des rues, et le peu de considération accordé aux besoins des femmes enceintes ou ayant leur menstruation. Près de la moitié d'entre elles (42 %) ont déclaré continuer à travailler et à effectuer des travaux pénibles même lorsqu'elles sont enceintes, contrairement à la législation locale du travail. Le fait de commencer très tôt ou de finir très tard, et d'être seules dans les espaces publics les exposent à des risques, et plus d'un quart des femmes ont déclaré avoir été victimes d'abus physiques ou sexuels (Stevens et coll., 2019). Leurs moyens de subsistance sont également particulièrement vulnérables, car elles effectuent souvent des tâches, telles que le balayage des rues, susceptibles d'être formalisées ou sous-traitées.

Au Bangladesh, les récupératrices de déchets gagnent moins que les hommes et encourent des risques sanitaires particuliers

Les recycleurs informels sont également soumis aux aléas du marché mondial du recyclage. La demande en matériaux secondaires des pays relativement industrialisés tels que le Pakistan est plus importante que celle des pays moins industrialisés (p. ex. le Somaliland). L'imprévisibilité des revenus peut constituer un obstacle majeur à la mobilité économique. L'un des objectifs d'amélioration de l'aménagement économique du secteur informel consiste justement à accroître la prévisibilité des revenus (Plastics for Change propose une approche dans ce sens, cf. encadré 2.5).

Malgré l'exclusion, le harcèlement, la discrimination et les mauvaises conditions de travail auxquels ils sont confrontés, la contribution des recycleurs informels à la gestion des déchets solides dans le monde est précieuse. Il est nécessaire de s'assurer que les changements des systèmes de ramassage et d'élimination des déchets s'appuient sur la mise en valeur de cette contribution et de leurs connaissances, leur permettant de collecter des volumes plus importants de matériaux, dans des conditions plus sûres et plus rentables.

Déchets : une économie inclusive des ressources urbaines ?

Le processus de formalisation des systèmes de ramassage des déchets et de recyclage varie, mais il implique souvent l'installation de clôtures autour des décharges sauvages et l'octroi de droits de ramassage à une ou plusieurs organisations du secteur privé ou public. Cela entraîne inévitablement des conflits avec les travailleurs du secteur informel qui ont besoin d'un accès aux décharges et aux points de ramassage pour collecter les matériaux ou ramasser les déchets directement auprès des ménages et des entreprises en faisant du porte-à-porte. Le processus peut également mener à une couverture de ramassage plus faible parce que les ramasseurs informels travaillent souvent dans des quartiers des petites et grandes villes auxquels les véhicules des opérateurs de plus grande taille n'ont pas accès, ou la population locale n'a pas les moyens de payer les services des opérateurs formels.

Déchets et développement : perspective traditionnelle

Le domaine thématique de la gestion des déchets solides est extrêmement sous-financé depuis de nombreuses années, seul 0,3 % de l'aide au développement y ayant été consacré en 2012 (Lerpiniere et coll., 2014). Le financement s'est amélioré au cours des dernières années, notamment par le biais des fonds axés sur la lutte contre les déchets marins et plastiques, tels que le Global Plastic Action Partnership (en français : Partenariat mondial d'action contre la pollution par le plastique), la Commonwealth Clean Oceans Alliance (groupe d'action contre la pollution par le plastique) et Blue Planet, un fonds gouvernemental britannique ayant versé 500 millions de livres.

Historiquement, l'accent était mis sur le traitement et le confinement des déchets, sur les solutions technologiques, en particulier les projets d'ingénierie à grande échelle (Lerpiniere et coll., 2014), ainsi que sur de nombreux exemples de technologies inadaptées. Medina (2007 : 76) mentionne ainsi l'introduction de camions compacteurs dans des villes dont les rues sont trop étroites et dans des municipalités qui n'ont ni les finances ni les capacités techniques pour les entretenir, ainsi que l'échec de projets d'incinérateurs dans de grandes villes telles que Manille, Istanbul, Lagos, Mexico et Surabaya. Plus récemment, des projets tels que l'incinérateur Reppie d'Addis Abeba ont été accusés d'évincer les recycleurs informels, car ces projets ciblent les matériaux qui constituent les moyens de subsistance de ces recycleurs (Atlas des Conflits pour la Justice Environnementale/Environmental Justice Atlas, 2019b).

La négligence de ce domaine thématique mène entre autres à une qualité médiocre des données sur les déchets, les données empiriques sur les répercussions de la mauvaise gestion des déchets sur la santé humaine et l'environnement faisant particulièrement défaut (Godfrey, 2018). Malgré les efforts actuels plus importants, souvent axés de nouveau sur la lutte contre la pollution plastique dans le milieu marin, le contraste avec la richesse des données produites dans le secteur EAH, par exemple, qui bénéficie de structures de réseautage et de partage des données pour contribuer à l'apprentissage et à l'amélioration de la conception des projets, est saisissant.

Les solutions conventionnelles se concentrent sur les projets d'ingénierie à grande échelle

Les Zabbaleen, qui se traduit par « peuples des poubelles », sont les ramasseurs traditionnels de déchets du Caire en Égypte. En tant que coptes chrétiens dans une société majoritairement musulmane, ils ont commencé à ramasser les déchets organiques afin de nourrir leurs cochons contre un paiement mensuel modique des résidents. Au fil du temps, le ramassage a été mécanisé, et le service a commencé à inclure les matériaux secs recyclables. En 2003, le gouvernorat du Caire a décidé de mettre en œuvre une politique de privatisation du ramassage des ordures ménagères, empêchant les Zabbaleen d'effectuer le ramassage. Contrairement aux Zabbaleen qui recyclaient précédemment 80 % des déchets, les nouveaux contractants n'étaient tenus de n'en recycler que 20 %, le reste étant jeté à la décharge. Ces entreprises ont offert des emplois aux Zabbaleen. Leurs salaires étaient plus faibles qu'en travaillant de manière indépendante.

Les citoyens préféraient la méthode traditionnelle de ramassage de porte-à-porte des Zabbaleen. De plus, comme les grands véhicules des entreprises privées ne pouvaient pas accéder aux rues étroites du Caire, des poubelles ont été placées dans des points de ramassage des déchets ce qui a entraîné de grandes quantités de dépôt sauvage.

Les taux de recyclage ont chuté, et la quantité de déchets envoyés à la décharge a augmenté. Traditionnellement, les Zabbaleen nourrissaient leurs cochons avec les déchets organiques, mais même cette activité a pris fin lorsque le gouvernement a fait abattre les cochons en 2009 pour éviter la grippe porcine. Une fois que le principal transformateur de déchets organiques a disparu, les Zabbaleen ont refusé de ramasser les déchets organiques du Caire et les tas d'ordures se sont accumulées dans les rues. De nombreux Zabbaleen ont abandonné le secteur du recyclage, car il n'était pas rentable sans l'élevage de cochons.

Source : adapté de l'Atlas des Conflits pour la Justice Environnementale/Environmental Justice Atlas (2019a)

Du déchet à la ressource : limitations des approches traditionnelles de la gestion des déchets

Le parcours traditionnel du « développement des déchets » observé par Whiteman et coll. (2021) a clairement des limites. Le retard de la mise en place de services municipaux centralisés et généralisés, a d'importantes conséquences sur la santé et l'environnement des populations locales et, étant donné l'échelle de l'urbanisation, ce retard constitue désormais une préoccupation mondiale du fait de ses répercussions négatives potentielles sur la qualité de l'air, le milieu marin, la santé publique et le climat.

La couverture du ramassage des ordures ménagères et la qualité de la gouvernance urbaine sont directement liées. Certains suggèrent même que la propreté des rues constitue un bon indicateur de la qualité de la gouvernance d'une ville (Whiteman et coll., 2001). Les approches de financement de la gestion des déchets s'appuient sur des systèmes solides de recouvrement des coûts qui font souvent défaut dans les pays du Sud :

- Les impôts et les taxes (p. ex. impôts généraux, taxes destinées à d'autres services municipaux, impôts fonciers) exigent une autorité fiscale compétente et un mécanisme permettant d'établir des budgets réalistes de gestion des déchets. Bien que la perception universelle soit avantageuse, étant utilisée pour fournir un ramassage « gratuit sur le lieu d'utilisation » pour tous, les impôts et taxes doivent être distribués de manière transparente aux services de gestion des déchets.
- Des frais d'utilisateur, perçus sur les différents services urbains ou industriels (p. ex. frais industriels, droits d'entrée), peuvent être perçus soit sous forme de frais continus ou sur le lieu d'utilisation. Bien que ce soit simple à gérer et puisse fonctionner à la fois avec les entreprises du secteur public et privé, grandes ou petites, les frais sont souvent trop élevés pour les communautés à faible revenus, qui jettent leurs déchets à l'air libre.

Déchets : besoin d'un nouvel argumentaire

Les principaux rapports mondiaux appellent à une structure centralisée, et n'accordent qu'une place limitée au secteur informel

Tout en reconnaissant les rôles des modèles alternatifs, particulièrement des opérateurs du secteur informel, de récentes publications de l'ONU (par exemple, les divers *Waste Outlooks*) et de la Banque mondiale ont tendance à être d'avis qu'une grande autorité centralisée et une infrastructure sont nécessaires. La structure même des rapports l'indique. La publication What a Waste 2.0 comporte cinq sections traitant de la gouvernance, du financement et de l'administration des déchets, et de la société. Seulement quatre pages (sur 184) traitent du secteur informel. Il existe plusieurs exemples adoptant une approche différente à l'égard du modèle municipal ou du secteur privé. Une option consiste à adopter une approche décentralisée. Godfrey (2018) considère l'utilisation de « réseaux distribués » et remarque que la décentralisation se fait habituellement à l'échelle des autorités locales sauf dans les endroits où ces autorités sont inefficaces, comme c'est le cas dans les zones rurales d'Ouganda. La gestion des déchets a alors lieu à une échelle plus locale, comme le compostage sur site. L'encadré 2.3 (au verso) présente un exemple supplémentaire.

Comment mettre en place un ramassage complet des ordures ménagères qui est inclusif ? La municipalité de Pune en Inde a adopté une approche réussie appelée « Prenez tout » (cf. encadré 2.4, au verso) qui intègre les travailleurs informels.

Il existe d'autres approches, telles que celle de Plastics for Change qui vise à améliorer l'aménagement économique du secteur informel en fournissant des revenus plus prévisibles (cf. encadré 2.5, au verso).

**Encadré 2.3 Gestion décentralisée des déchets organiques
par les ménages au Burkina Faso**

Les villes du Burkina Faso grandissent rapidement, ainsi que la quantité de déchets et la demande en produits agricoles. Afin de répondre à ces besoins croissants, le ministère de l'Agriculture a lancé en 2011 l'opération « fosse à fumier », inspirée par la pratique traditionnelle appelée « tampouré ». Dans le cadre de ce système, le gouvernement encourage les ménages à construire des fosses et des composts sur leur propre terre.

Il alloue des fonds chaque année pour soutenir la gestion des ordures ménagères. Ainsi, entre 2005 et 2012, en partenariat avec plusieurs agences de développement, il a financé la construction de 15 000 fosses à fumier dans la région orientale du Burkina Faso. Actuellement, près de 2 millions de tonnes d'engrais organiques sont produites de cette manière. Une étude de 2016 de la Banque mondiale a révélé que 40 % du total des déchets produits par les ménages dans les villes secondaires et les zones périurbaines du Burkina Faso étaient directement traités sur place.

Source : Banna (2017)

Encadré 2.4 Intégration des recycleurs informels à Pune en Inde

À Pune, une coopérative de 3 000 récupérateurs de déchets a réussi à obtenir de meilleures conditions de travail en collaborant avec les autorités municipales pour ramasser les déchets de porte-à-porte. En 1993, ils se sont organisés en syndicat sous le nom de Kagad Kach Patra Kashtakari Panchayat et ont fait campagne pour la reconnaissance de leur statut de travailleur. Ils ont souligné les avantages qu'ils fournissaient à la ville : la réduction des coûts d'élimination des déchets, la création d'emplois et l'amélioration de la santé publique et de l'environnement. En 2007, ils ont créé une coopérative autogérée de récupérateurs de déchets appelée SWaCH qui fournit à la ville de Pune, avec son soutien, des services de gestion à la source des déchets.

L'expérience de SWaCH montre que les agents informels de propreté récupèrent et valorisent activement et efficacement les ressources, et que cette approche basée sur la main-d'œuvre peut avoir des répercussions positives sur l'économie, la société et l'environnement. Selon les estimatifs, les récupérateurs informels de déchets permettent d'économiser 12,5 millions de dollars américains par an sur les coûts de main-d'œuvre, de transport et de traitement, soit 46 % de l'ensemble du budget de capital du système de gestion des déchets solides de Pune. Leurs taux de recyclage du plastique sont également très importants, 30 000 tonnes étant recyclées par an, selon les estimatifs, soit 52 % des déchets plastiques de Pune. La réduction annuelle des gaz à effet de serre grâce au détournement des déchets plastiques est estimée à environ 50 000 tonnes d'équivalent CO_2.

Source : adapté de WIEGO (2010)

Encadré 2.5 Tarifs équitables pour les récupérateurs de déchets : Plastics for Change et The Body Shop

Plastics for Change (PFC), en partenariat avec les ONG locales Hasiru Dala et Hasiru Dala Innovation, fournissent aux récupérateurs de déchets de la ville de Bengaluru en Inde un revenu stable et de meilleures opportunités.

PFC a mis en place une plateforme d'approvisionnement éthique afin de créer des moyens de subsistance durables pour les pauvres, aidant les grossistes à s'approvisionner en plastique auprès des récupérateurs de déchets et à avoir accès à des marchés internationaux de haute valeur en traitant de trois problèmes : (1) la réduction de la volatilité des prix en facilitant des relations à long terme avec les acheteurs qui garantissent à l'avance un tarif minimum équitable ; (2) l'accès à un fonds de roulement garantissant le paiement sans délai au point d'échange tout au long de la chaîne d'approvisionnement ; (3) la prévention de l'exploitation des agents informels de propreté par le biais d'un système de notation et d'audit entre pairs.

PFC travaille actuellement en partenariat avec le détaillant britannique The Body Shop qui a commencé à utiliser le plastique fourni par PFC pour la fabrication de ses bouteilles de shampooing et d'après-shampooing de 250 ml.

Recycleurs informels et technologie

La 4e révolution industrielle et la mondialisation créent à la fois des opportunités et des défis aux agents informels de propreté. D'un côté, l'accès à des smartphones pas chers a entraîné le développement de systèmes tels que ScrapQ (cf. encadré 2.6, auverso) qui permet aux recycleurs informels de travailler plus efficacement et d'être en relation avec de nouveaux clients. D'un autre côté, l'automatisation pourrait menacer une grande partie du travail des recycleurs informels qui est par nature à forte intensité de main-d'œuvre (Velis, 2017). L'accès aux technologies non numériques, telles que les véhicules, les broyeurs et les granulateurs, peut augmenter leur efficacité et leur chiffre d'affaires. Cependant, il convient de noter qu'il leur est difficile d'obtenir un crédit, ce qui peut rendre les emprunts et les coûts de fonctionnement inabordables. Il est vital de garantir l'accès à un équipement abordable et robuste qui peut être entretenu à l'échelle locale (Casey, 2016).

Résumé

Le défi consiste à élaborer de nouvelles approches inclusives de la gestion des déchets qui traitent des questions suivantes :

- Comment accélérer le mouvement vers une couverture complète de ramassage pour tous les secteurs de la communauté au sein d'une petite ou d'une grande ville ?
- Comment mettre directement en place un ramassage complet tout en ayant des taux élevés de récupération ?
- Comment garantir que les moyens de subsistance des plus marginalisés ne sont pas lésés lors du processus et que les avantages de ces ressources secondaires sont partagés de manière équitable ?

3 ÉVALUATION AXÉE SUR L'HUMAIN

La disponibilité de données sur la gestion des déchets solides est très limitée à l'échelle mondiale. Peu de villes des pays en développement disposent de systèmes efficaces leur permettant d'effectuer des mesures et le suivi de paramètres de base tels que les quantités de déchets arrivant dans un centre de regroupement. Lorsque des données sont recueillies, l'accent est mis sur les flux de déchets plutôt que sur les services dont les populations bénéficient ou la mesure dans laquelle les déchets des rues sont éliminés. La contribution de l'éventail complet d'entreprises de ramassage de déchets, incluant les prestataires du secteur formel, est souvent ignorée.

   Dans ce rapport, nous utilisons une approche axée sur l'humain pour évaluer la gestion des déchets à l'échelle de la ville. Nous prenons en considération les niveaux de service auxquels les communautés ont accès et la gamme complète des prestataires de services. Nous avons également adopté et adapté des outils de bonne pratique. Nous visons à montrer comment une approche axée sur l'humain permet de détecter des questions et des priorités qui sont autrement ignorées, et de mettre l'accent sur de nouvelles opportunités.

Sélection des études de cas

Nous avons sélectionné quatre villes de tailles variées dans différents pays : deux villes secondaires plus petites (Satkhira et Dhenkanal), une ville assez large (Kisumu) et une grande capitale (Dakar). Les ressources investies dans la gestion des déchets, les opportunités offertes par l'économie fondée sur le commerce des déchets, les attitudes et les attentes des parties prenantes différaient selon le contexte. L'accent est souvent mis sur les métropoles, mais la taille et la population des plus petites villes secondaires augmentent et leurs ressources et capacités pour garantir un accès aux services minimaux pour tous sont moindres. Voici une brève description des quatre villes sélectionnées :

1. Municipalité de **Dhenkanal** dans l'Odisha en Inde. Population de 74 200 habitants, dont environ 16 670 vivent dans 43 quartiers pauvres. La ville est située au cœur de l'État oriental d'Odisha et entourée de forêts et de terres agricoles. L'État comporte 114 zones urbaines, dont Dhenkanal.

2. Municipalité de **Satkhira** dans la division de Khulna au Bangladesh. Population de 170 000 habitants, dont environ 17 000 vivent dans 47 quartiers pauvres. La ville est située au sud-ouest du Bangladesh, à seulement 15 km de la frontière avec l'Inde. Elle dessert la région agricole environnante et abrite de grandes entreprises de pêche (élevage de la crevette) et d'échanges transnationaux avec l'Inde.

3. **Kisumu** au Kenya. Population de 502 000 habitants, dont environ 301 000 vivent dans des zones d'habitation à faible revenu. La ville est située dans le comté de Kisumu (1,16 million d'habitants) et gouvernée par un organe semi-autonome sous l'égide des autorités du comté. Kisumu sert de plateforme commerciale et de transports pour la partie occidentale du Kenya.

4. **Dakar** au Sénégal. Population de 2,88 millions de résidents urbains dans la région de Dakar, principalement dans les districts de Dakar et de Pikine. Selon les estimatifs, 25 % de la population de la région vivait sous le seuil de pauvreté en 2016 (ANSD, 2016). La ville est le plus important port de commerce international de la région et un point nodal pour l'infrastructure routière. Les activités industrielles, commerciales et financières du pays s'y concentrent.

Outils d'évaluation et stratégies d'échantillonnage

Nous avons utilisé des outils de terrain qui s'appuyaient sur deux guides récents : une première version de l'outil Waste Wise Cities (en anglais, Waste Wise Cities Tool, ONU-Habitat/UN-Habitat, 2021) et les orientations pour les indicateurs WasteAware (Wilson et coll., 2015). Afin de garantir une analyse axée sur l'humain, nous avons inclus un ensemble de méthodes qualitatives

Nous nous sommes appuyés sur l'outil Waste Wise Cities et les indicateurs WasteAware

et de questions d'enquête qui explorent les préférences et les expériences des individus.

Dans chaque ville, nous avons utilisé les méthodes suivantes :

- Enquête auprès des ménages d'un échantillon représentatif vivant dans des zones définies comme à faible revenu ou pauvres, à revenu intermédiaire et à revenu élevé. Nous avons analysé les informations par catégorie sociale et pour l'ensemble de la ville en les pondérant. Notre échantillon (environ 400 ménages par ville) a été conçu afin d'obtenir un degré de confiance de 95 % et une marge d'erreur de 5 %. Au sein de chaque ménage, nous avons interrogé « un adulte responsable de la gestion des déchets solides ».
- Enquête auprès de 20 prestataires de services issus de quatre groupes :
  - des récupérateurs qui collectent les articles recyclables parmi les déchets jetés dans le voisinage ou dans une décharge sauvage
  - des négociants qui achètent les déchets séparés auprès de récupérateurs ou ramasseurs, les trient et procèdent parfois à l'étape initiale de traitement, puis les vendent en gros
  - des ramasseurs qui ramassent les déchets non triés dans les rues, et auprès des ménages et des entreprises
  - des balayeurs qui éliminent les déchets des rues et des espaces publics.
- Un exercice de cartographie identifiant les zones sensibles de déchets dans les quartiers sélectionnés.
- Des discussions en groupe et entretiens individuels avec des ménages et des prestataires de services. Certains d'entre eux ont eu lieu avec des groupes composés uniquement de femmes afin de garantir que les perspectives sexospécifiques soient véritablement prises en compte.
- Des entretiens avec des décisionnaires et des prestataires de services.
- Un exercice sur les quantités et la composition des déchets consistant à ramasser, peser et trier les déchets des ménages de quartiers à revenu faible, intermédiaire et élevé. Les déchets ont été ramassés pendant huit jours, mais ceux du premier jour n'ont pas été comptabilisés.

La stratégie d'échantillonnage de l'enquête auprès des ménages et de l'exercice sur les quantités et la composition des déchets variait légèrement en fonction de la taille et de la distribution de la population de la ville (tableau 3.1, au verso).

La stratégie et les outils d'échantillonnage ne nous ont pas permis de cartographier les flux de déchets et de calculer les quantités de déchets récupérés pour le recyclage aussi précisément que nous le souhaitions. La version intégrale de l'Outil Waste Wise Cities fournit des indications utiles qui ont pu être utilisées pour confirmer les estimatifs que nous avons obtenus.

Tableau 3.1 Stratégie d'échantillonnage dans chaque ville étudiée

Dhenkanal en Inde	Satkhira au Bangladesh
Enquête auprès de 406 ménages stratifiés comme suit : 142 ménages pauvres 132 ménages à revenu intermédiaire 132 ménages à revenu élevé L'échantillon des ménages provenait de communautés pauvres et non pauvres, issues de tous les quartiers, proportionnellement à la population de chaque quartier. Enquête sur les quantités et la composition des déchets : 30 ménages : 10 pauvres, 10 à revenu intermédiaire et 10 à revenu élevé.	Enquête auprès de 402 ménages stratifiés comme suit : 133 ménages pauvres 139 ménages à revenu intermédiaire 130 ménages à revenu élevé L'échantillon des ménages provenait de communautés pauvres et non pauvres, issues de tous les quartiers, proportionnellement à la population de chaque quartier. Enquête sur les quantités et la composition des déchets : 35 ménages : 15 pauvres, 10 à revenu intermédiaire et 10 à revenu élevé.
Kisumu au Kenya	**Dakar au Sénégal**
Enquête auprès de 419 ménages stratifiés comme suit : 102 de Nyalenda A et 106 de Manyatta B provenant de quartiers à faible revenu 108 de Migosi provenant d'un quartier à revenu intermédiaire plus faible 103 de Tom Mboya provenant d'un quartier à revenu intermédiaire plus élevé Les quartiers ont été sélectionnés en vue de représenter un éventail des catégories sociales de la ville. Enquête sur les quantités et la composition des déchets : 90 ménages : 30 de Nyalenda A, 30 de Migosi et 30 de Tom Mboya.	Enquête auprès de 400 ménages stratifiés comme suit : 100 de Pikine et 100 de Malika vivant dans des zones d'habitation à faible revenu 100 de Cité Lobatt Fall, un quartier à revenu intermédiaire 100 de Point E, un quartier à revenu élevé Les quartiers ont été sélectionnés en vue de représenter un éventail des catégories sociales de la ville. Nous n'avons pas effectué d'enquête sur les quantités et la composition des déchets, car nous avions à notre disposition les données d'une étude complète effectuée en 2014.

Tableau 3.2 Méthodes qualitatives

Dhenkanal en Inde	Satkhira au Bangladesh
Groupes de discussion de 22 personnes Ménages : 3 groupes, dont un composé uniquement de femmes Prestataires de services : aucun Études de cas : 2 prestataires de services Entretiens avec des informateurs clés : 5 personnes	Groupes de discussion de 50 personnes Ménages : 3 groupes, tous mixtes, en majorité des femmes Prestataires de services : 3 groupes, dont un composé uniquement d'hommes Études de cas : 7 personnes (ménages et prestataires de services) Entretiens avec des informateurs clés : 5 personnes
Kisumu au Kenya	**Dakar au Sénégal**
Groupes de discussion de 41 personnes Ménages : 3 groupes, dont un composé uniquement de femmes Prestataires de services : 2 groupes, dont un composé uniquement d'hommes Études de cas : 5 personnes (ménages et prestataires de services) Entretiens avec des informateurs clés : 7 personnes	Groupes de discussion de 57 personnes Ménages : 4 groupes, tous mixtes, en majorité des hommes Prestataires de services : 4 groupes, tous mixtes Études de cas : 11 personnes (ménages et prestataires de services) Entretiens avec des informateurs clés : 4 personnes

Proposition d'une échelle des services de gestion des déchets

Nous avons analysé les résultats de notre enquête pour classer chaque ménage selon une échelle des services de gestion des déchets. Le concept d'échelle de gestion des déchets est relativement nouveau, proposé pour la première fois par ONU-Habitat dans Outil Waste Wise Cities (ONU-Habitat/UN-Habitat, Waste Wise Cities Tool, 2021). Il est conçu pour refléter les échelles largement utilisées dans le domaine de l'eau, de l'assainissement et de l'hygiène (OMS/WHO et UNICEF, 2018). Cette échelle s'appuie sur une évaluation des facteurs suivants :

1. *Accès à un service* : présence d'un service de ramassage des ordures ménagères en porte-à-porte ou à un point de collecte désigné.
2. *Qualité du service* : fréquence et régularité du service de ramassage des ordures ménagères. Pour les points de collecte des ordures ménagères : fréquence et régularité du ramassage, distance du ménage (> ou < de 200 m) et importante présence ou non de détritus autour du point de collecte.
3. *Séparation des déchets* : Séparation des déchets : si les déchets sont ramassés ou non (en porte-à-porte ou à un point de regroupement des déchets) en fractions séparées (humides et sèches, ou en fractions supplémentaires de déchets secs).

Au cours de notre analyse, nous avons essayé d'appliquer l'échelle d'ONU-Habitat, mais à certains égards, elle ne reflétait pas de manière adéquate la situation sur le terrain. Nous avons par conséquent effectué deux changements importants. Tout d'abord, nous avons ajouté une catégorie séparée pour refléter la mesure dans laquelle un quartier est jonché de détritus, et plus précisément, le ressenti des ménages à cet égard. Cette catégorie enrichit l'échelle existante qui se contente d'évaluer la présence ou non de détritus au point de collecte des déchets. À notre avis, cette catégorie est nécessaire parce qu'un service de gestion des déchets de bonne qualité devrait garantir à la fois que les déchets sont collectés auprès des ménages et que les rues et les espaces publics dans leur voisinage immédiat sont déblayés. Si les déchets ont un impact « important » sur la localité, le niveau de service auquel un ménage a accès est au mieux « limité ».

De plus, les questions sur la séparation des déchets en vue du recyclage de l'échelle d'ONU-Habitat suppose que le ramassage de tous les déchets est effectué par un seul prestataire de service qui exige que les déchets soient séparés en fractions spécifiées. Cependant, dans la plupart des pays en développement, les ramasseurs informels collectent les déchets en fractions auprès des ménages (métaux, plastique, papier) y compris lorsque le service formel de ramassage des ordures ménagères n'exige aucune séparation. Cette contribution du secteur informel est ignorée si nos définitions ne sont pas plus précises. Nous avons par conséquent demandé si des fractions séparées étaient collectées auprès du ménage au lieu de demander si les ramasseurs exigeaient une séparation des déchets. Reconnaissant que le premier élément essentiel à un bon service de gestion des déchets est le ramassage des ordures ménagères et non la séparation des déchets en vue du recyclage, nous prenons cette dernière en compte uniquement aux deux niveaux supérieurs de l'échelle.

Enfin, nous avons peaufiné la définition d'un point de collecte des déchets qui est propre et fonctionne bien. Nous avons élargi les questions d'ONU-Habitat au sujet de la présence ou non de détritus en demandant si le point est « propre, sûr et si les déchets y sont maîtrisés ».

Le Tableau 3.3 présente les définitions d'ONU-Habitat pour chaque niveau, ainsi que nos variations de ces définitions en vert. En résumé, notre échelle adaptée des services de gestion des déchets prend en compte quatre facteurs :

1. *Accès à un service* : les ménages ont-ils accès à un service de ramassage de leurs ordures ménagères, à leur porte ou à un point de regroupement proche ?
2. *Qualité du service* : le service est-il fréquent et régulier, et les points de regroupement sont-ils bien gérés ?
3. *Impact des déchets dans la localité* : dans quelle mesure les déchets ont-ils un impact sur la localité ? Comme un moyen de mesurer le degré de détritus présents dans les rues.
4. *Séparation en vue du recyclage* : les ménages séparent-ils les déchets en fraction en vue de leur recyclage, qu'ils soient ramassés par un prestataire de services unique ou par de multiples prestataires ?

Tableau 3.3 Échelle révisée des services de gestion des ordures ménagères (variations par rapport aux définitions d'ONU-Habitat : en vert)

Niveau de service	Définition
Contrôle complet	Accès à un service municipal de ramassage des déchets solides en porte-à-porte à une fréquence et régularité minimale OU à un point de collecte désigné situé dans un rayon de 200 m, desservi à une fréquence et régularité minimale / point décrit comme propre, sûr et où les déchets sont maîtrisés ET les déchets ont « peu » ou « pas » d'impact sur la localité ET au moins une fraction des déchets sont ramassés en vue de leur recyclage (en plus du ramassage des ordures non triées)
Contrôle amélioré	Accès à un service municipal de ramassage des déchets solides en porte-à-porte à une fréquence et régularité minimale OU à un point de collecte désigné situé dans un rayon de 200 m, desservi à une fréquence et régularité minimale / point décrit comme propre, sûr et où les déchets sont maîtrisés ET les déchets ont « peu » ou « pas » d'impact sur la localité AUCUNE séparation en vue d'un recyclage
De base	Accès à un service municipal de ramassage des déchets solides en porte-à-porte à une fréquence et régularité minimale OU à un point de collecte désigné situé dans un rayon de 200 m, desservi à une fréquence et régularité minimale / point décrit comme propre, sûr et où les déchets sont maîtrisés ET les déchets ont seulement un impact « modéré » ou moindre sur la localité
Contrôle limité	Accès à un service municipal de ramassage des déchets solides en porte-à-porte sans fréquence ni régularité minimale OU à un point de collecte désigné situé dans un rayon de 200 m, mais pas desservi à une fréquence et régularité minimale / point décrit comme sale, dangereux et où les déchets ne sont pas maîtrisés OU à un point de collecte désigné situé à plus de 200 m/service « de base », mais les déchets ont un « impact important » sur la localité
Contrôle nul	Ne bénéficiant d'aucun service de collecte de déchets, ou de point de collecte

Indicateurs WasteAware et approche axée sur l'humain

Les indicateurs WasteAware et les orientations qui leur sont associées (Wilson et coll., 2015) ont été testés dans plusieurs villes mondiales. Ils sont conçus à la fois dans le contexte des pays développés et en développement, et dans les petites et grandes zones urbaines. Ils visent à faciliter l'« évaluation de la performance de la gestion des déchets solides municipaux et du système de recyclage... sous forme standardisée » (Wilson et coll., 2015). Les indicateurs attribuent une note, de « faible » à « élevé », basée sur des évaluations à la fois quantitatives et qualitatives. Nous mettons ici l'accent sur la notation des éléments physiques (sept indicateurs) et les facteurs de gouvernance (cinq indicateurs). Parmi eux, trois sont quantitatifs et neuf sont des indicateurs composites dont le score est établi à partir d'un ensemble de sous-indicateurs notés subjectivement.

Selon nous, les indicateurs sont somme toute utiles pour dresser un portrait global du système de gestion des déchets. Cependant, dans certains cas, les notes finales ne reflétaient pas la diversité de l'expérience des différentes communautés ou parties prenantes. Ainsi, un sous-indicateur servant à mesurer les 3 R, la qualité de la prestation en matière de réduction, réutilisation et recyclage, évalue l'« utilisation de l'équipement de protection individuelle et les procédures de soutien ». Les prestataires de services formels sont susceptibles de s'y conformer plutôt bien, mais pas les prestataires de services informels.

De plus, nous avons remarqué que les indicateurs à la fois quantitatifs et qualitatifs peuvent masquer le rôle important du secteur informel et les inégalités d'accès aux services dans les quartiers à faible revenu. L'intention de ce rapport est de mettre en lumière ces différences.

Enfin, tout en étant conscient que les indicateurs sont conçus pour mesurer les performances à l'échelle de la municipalité, le fait que ni eux ni le guide qui les accompagne ne traitent des inégalités sexospécifiques constitue une lacune. Nos constatations révèlent que les manières dont les femmes sont peuvent être victimes de discrimination sont importantes, que ce soit à la suite des répercussions de la mauvaise prestation de service ou en tant que prestataires de service.

Les indicateurs WasteAware pourraient être améliorés pour mieux refléter les diverses expériences à l'échelle d'une ville

Conclusion

Notre approche globale consiste à utiliser un ensemble de méthodes et d'outils qui rendent compte de manière précise de l'état de la gestion des déchets à l'échelle des villes, tout en replaçant la dimension humaine au cœur du débat. Cette approche exige de prendre en considération d'une part les inégalités qui existent entre les différents quartiers, et entre hommes et femmes, et d'autre part les services de gestion de déchets tout autant que leurs flux. Nous avons utilisé des outils issus de bonnes pratiques en les adaptant lorsque nous le jugions nécessaire et en soulignant les éventuelles lacunes. Nous invitons des discussions plus poussées sur la manière de peaufiner les outils et les analyses permettant de prioriser la dimension humaine et les services auxquels les populations ont accès.

4 SATKHIRA AU BANGLADESH

La population du Bangladesh est très dense et son urbanisation n'est pas terminée. Entre 2015 et 2020, la population urbaine a progressé de 17 % tandis que celle des zones rurales a diminué de 1 %. Selon les estimatifs, le Bangladesh a produit 23 688 tonnes de déchets solides municipaux en 2014, une quantité qui devrait passer à 47 000 tonnes d'ici à 2025 (Waste Concern, 2016). Ce chiffre prend en compte l'augmentation moyenne de déchets produits par personne, ainsi que la croissance de l'économie. Comme la plupart de ces déchets continuent à être jetés à l'air libre ou en décharge, les émissions de gaz à effet de serre liées continueront également à augmenter.

Les collectivités locales du Bangladesh sont responsables de la gestion des déchets solides. Une stratégie nationale 3 R (2010) les encourage à réduire, réutiliser et recycler les déchets, et pas juste à les collecter et les éliminer. Le septième plan quinquennal national (2015 à 2020) promeut également une stratégie 3 R. Malgré l'éventail des initiatives, le gouvernement reconnaît que les capacités, les technologies et les ressources financières nécessaires à une mise en œuvre efficace de la stratégie font défaut (GoB, 2019). Les

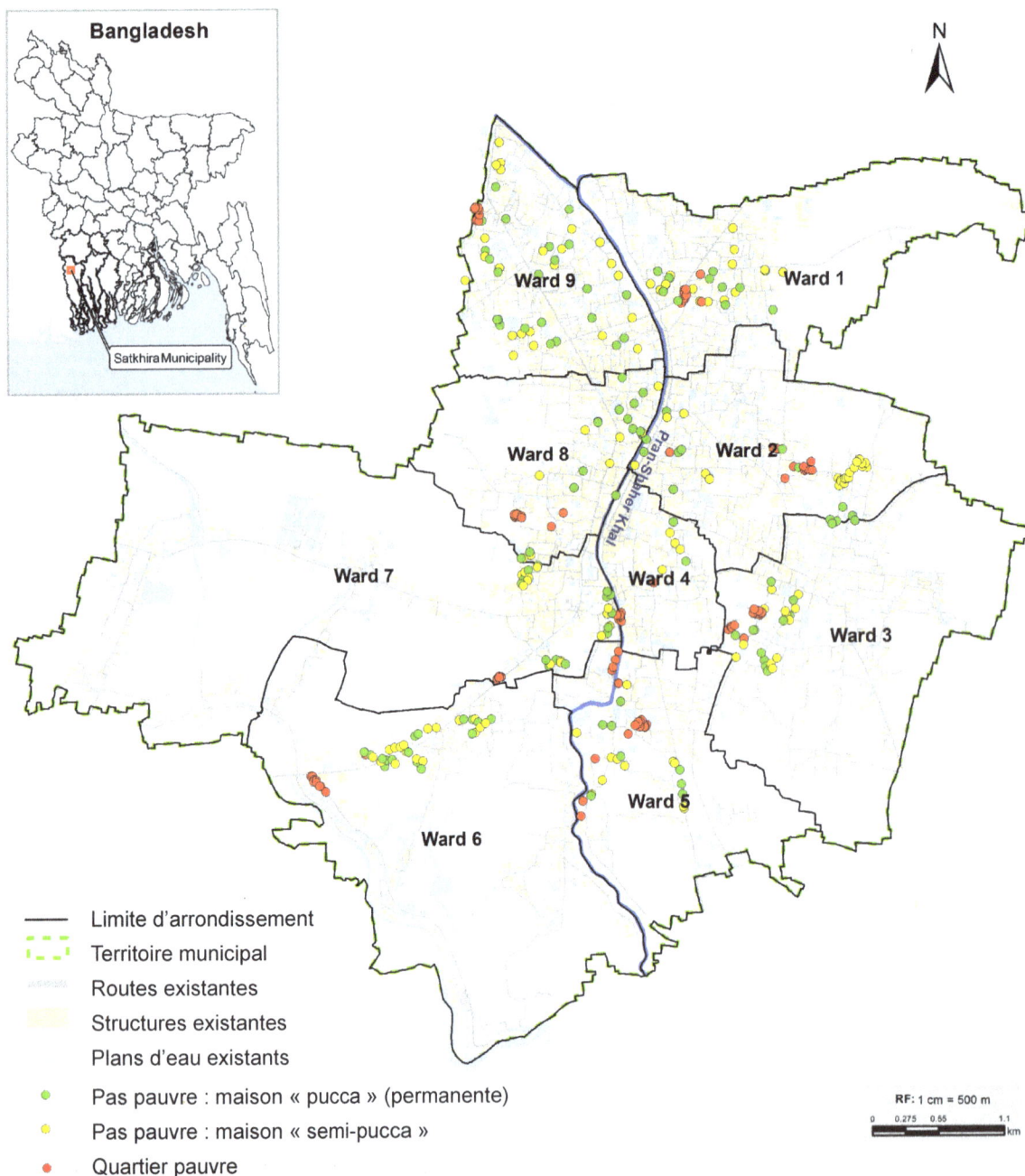

Figure 4.1 Distribution géographique des ménages ayant répondu à l'enquête

engagements nationaux du Bangladesh dans le cadre de l'accord sur le changement climatique de Paris comprennent un engagement à « rediriger 50 % des déchets gérés de la décharge vers le compost », mais cette redirection était « conditionnelle », dépendant de l'accès à un financement externe supplémentaire (MOEF, 2015).

Municipalité de Satkhira : contexte et structures de gestion des déchets

Satkhira est l'une des 328 pourashavas (municipalités) du Bangladesh. Dotée d'une population estimée en 2020 à 169 991 personnes (34 939 ménages), elle se situe dans les 15 % des plus grandes municipalités du pays. Située dans le sud-ouest du Bangladesh, elle est l'une des 21 municipalités de catégorie A de la division de Khulna. Selon les estimatifs, elle abrite 47 communautés des quartiers pauvres où vivent 17 064 habitants (soit 10 % de la population).

Ces communautés sont de relativement petite taille, de 12 à 300 ménages (50 ménages en moyenne). Le type d'habitation donne une idée de la richesse relative de la ville : 40 % des ménages vivent dans des structures « *pucca* », tandis que le reste des ménages (y compris les populations des quartiers pauvres) vit dans des habitations « *semi-pucca* » ou « *kutcha* » (rudimentaires) (Practical Action, 2016). Ces proportions nous ont servi à pondérer les résultats de notre enquête auprès des ménages.

Un large canal d'évacuation, le Pran-Shaher Khal, traverse le centre-ville. Pendant la mousson, des eaux stagnantes couvrent pendant de longues périodes de nombreux endroits du district, y compris la ville. Satkhira dessert la région agricole environnante et le commerce transnational, la frontière avec l'Inde étant située à seulement 15 km.

Le département municipal de la conservation est responsable de la gestion des déchets solides. Il emploie deux superviseurs et une équipe de 133 balayeurs de rue et conducteurs qui éliminent les déchets des rues et vident les poubelles communales du centre-ville et des zones résidentielles. Ils ont à leur disposition une petite flotte de véhicules : trois camions et sept véhicules de plus petite taille.

Le département gère également un centre de regroupement des déchets situé à 5,5 km du centre-ville. Ce site n'est pas bien géré ni clôturé, il est entouré de plans d'eau et proche de zones d'habitation. Dans ce site, aucune donnée sur les déchets n'est recueillie et aucun suivi n'est effectué. Les déchets y sont simplement jetés et écrasés à l'aide de tracteurs. Cette pratique résulte en une note « faible » pour la qualité de la protection environnementale lors de l'élimination finale selon les indicateurs WasteAware (2E).

Accès des ménages à des services de gestion des déchets

Les équipes de la municipalité opèrent dans tous les arrondissements, sauf deux qui sont principalement ruraux. Elles ont mis en place six points plus larges de collecte des déchets et 80 poubelles en ciment où les habitants peuvent déposer leurs déchets. La municipalité fournit un service de collecte des ordures ménagères à 1 800 ménages (5 %). En supplément, quelques petites entreprises (quatre ou cinq) fournissent également un service de collecte (cf. Figure 4.9 à la fin du chapitre). Notre échelle des déchets prend en considération quatre éléments clés de la prestation de services :

La vaste majorité des ménages de la ville n'a accès à aucun service de collecte de déchets

1. *Accès* : la vaste majorité des ménages de la ville (84 %) n'a accès à aucun service de gestion des déchets. Ils n'ont accès à aucun service de collecte des ordures ménagères et n'utilisent pas non plus les poubelles communales de la municipalité. Ils abandonnent leurs déchets au coin des rues, dans les canalisations ou dans d'autres espaces de plein air. Certains ménages enterrent leurs déchets et une petite minorité les brûle. Seuls 6 % des ménages (aucun des quartiers pauvres) ont accès à un service de collecte des ordures ménagères en porte-à-porte et 10 % utilisent un point formel de regroupement des déchets. Seuls 11 % des résidents ont mentionné des efforts de nettoyage du voisinage, qu'ils soient réguliers ou non.

2. *Qualité* : lorsque les ménages utilisent un point de regroupement des déchets, ce dernier est situé à plus de 200 m de leur habitation (pour 75 % de ces ménages) ou il est sale et dangereux, ou les déchets ne sont pas maîtrisés (pour la moitié d'entre eux).

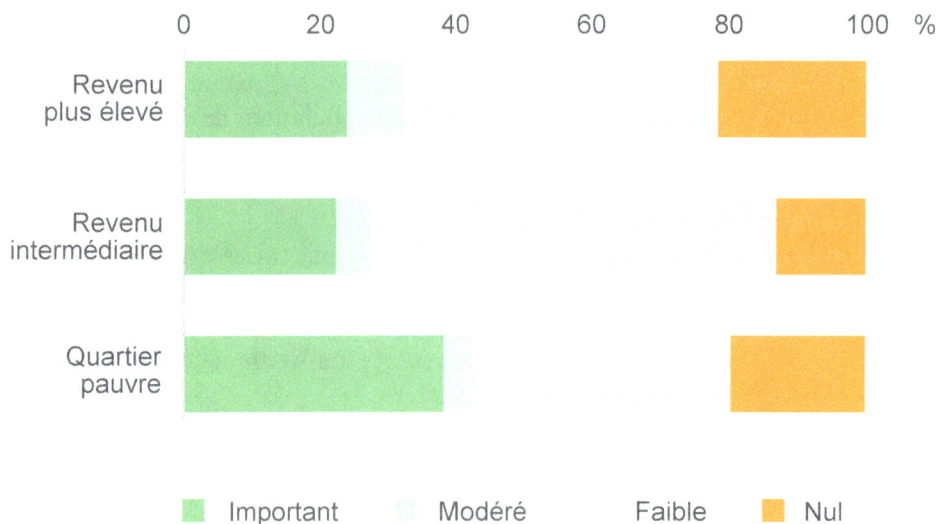

Figure 4.2 Perception de l'impact de l'élimination des déchets solides dans le voisinage

3. *Impact* : malgré le manque de services, environ un quart des ménages
    (mais jusqu'à 40 % des communautés des quartiers pauvres) ne pensait
    pas que l'« impact sur le voisinage du dépôt sauvage de déchets sans
    aucune distinction » était sérieux (figure 4.2).
4. *Séparation en vue du recyclage* : la séparation des déchets en vue de leur
    recyclage est très courante à Satkhira, 84 % des ménages séparant au
    moins un type de déchets pour son recyclage. La pratique du recyclage
    est moins courante chez les communautés des quartiers pauvres (75 %).
    Cependant, cela ne résout pas le problème de la plupart des ménages, à
    savoir que faire de la majeure partie de leurs déchets ?

Dans l'ensemble, les ménages de la ville sont mal desservis en matière de
gestion des déchets. Les zones pauvres sont les moins bien desservies, alors
qu'il n'existe aucune différence majeure de services par catégorie sociale dans
les autres zones (cf. figure 4.5 à la fin du chapitre).

En ce qui concerne l'impact d'une gestion médiocre des déchets, les trois
principaux problèmes identifiés lors de notre enquête étaient les odeurs,
l'obstruction des canalisations, et la présence de mouches et de moustiques.
Ces problèmes sont plus prononcés à la saison des pluies. Les groupes
de discussion et les entretiens individuels ont souligné les liens entre ces
problèmes. Les participants (en majorité des femmes) d'une communauté
pauvre ont décrit comment, pendant la saison des pluies, tous les égouts
débordaient, répandant de l'eau et des déchets dans tout le quartier, y compris
dans leurs cours. Pendant toute l'année, les tas de déchets accumulés dans les
canalisations, les étangs et les espaces ouverts entraînent « des infestations
accrues de moustiques, de mouches, d'insectes et d'araignées ». Les routes
sont détrempées, même lorsque les pluies sont moins intenses, parce que les
canalisations sont obstruées. Les espaces où les enfants jouent sont jonchés
de déchets, ce qui devient dangereux. Les participants ont fait le lien entre
ces problèmes et l'augmentation des incidences de maladie. Les femmes ont
mentionné le stress et « la puanteur insupportable » résultant de la présence
d'eaux stagnantes et de l'importante pollution des déchets solides (figure 4.3).

Les responsabilités de gestion des déchets à l'échelle des ménages sont
spécifiques au genre. Les participants aux groupes de discussion ont expliqué
que c'est habituellement la femme la plus âgée qui est responsable de la
gestion des déchets solides parce qu'elle est également responsable du foyer
et de la cuisine. Cependant, les décisions financières sont prises par le chef de
ménage (un homme, ou un homme et une femme). Les femmes interrogées

> L'effet combiné
> des déchets
> et des eaux
> stagnantes
> provoque
> une puanteur
> insupportable

avaient systématiquement une perception plus négative de l'impact de la gestion médiocre des déchets que les hommes. Dans les communautés des quartiers pauvres, plus de la moitié des femmes (55 %) ont déclaré que la gestion médiocre des déchets constituait un problème majeur qui avait des répercussions sur leurs activités quotidiennes, tandis que les deux tiers (66 %) des hommes ont déclaré que la gestion des déchets « ne constituait pas un sujet de préoccupation ».

Composition des ordures ménagères

Sathkira produit 56 tonnes de déchets par jour

79 % des ordures ménagères de Satkhira étaient organiques, ce qui est très similaire à la moyenne des *pourashavas* qui est de 78 % selon les conclusions de Waste Concern (2016). Le reste comprenait du plastique (7 %) : 2 % sous forme de pellicule et 5 % sous forme de plastique dense. Les textiles représentaient 6 % (cf. figure 4.6).

Nous avons demandé aux prestataires de services s'ils avaient observé un changement des types ou des quantités de déchets au cours de l'année précédente pendant la pandémie de COVID-19. 18 d'entre eux (sur 20) n'avaient pas remarqué de changement notable, et ceux qui avaient remarqué un changement n'ont pas mentionné les emballages plastiques ou les masques (articles liés à la pandémie).

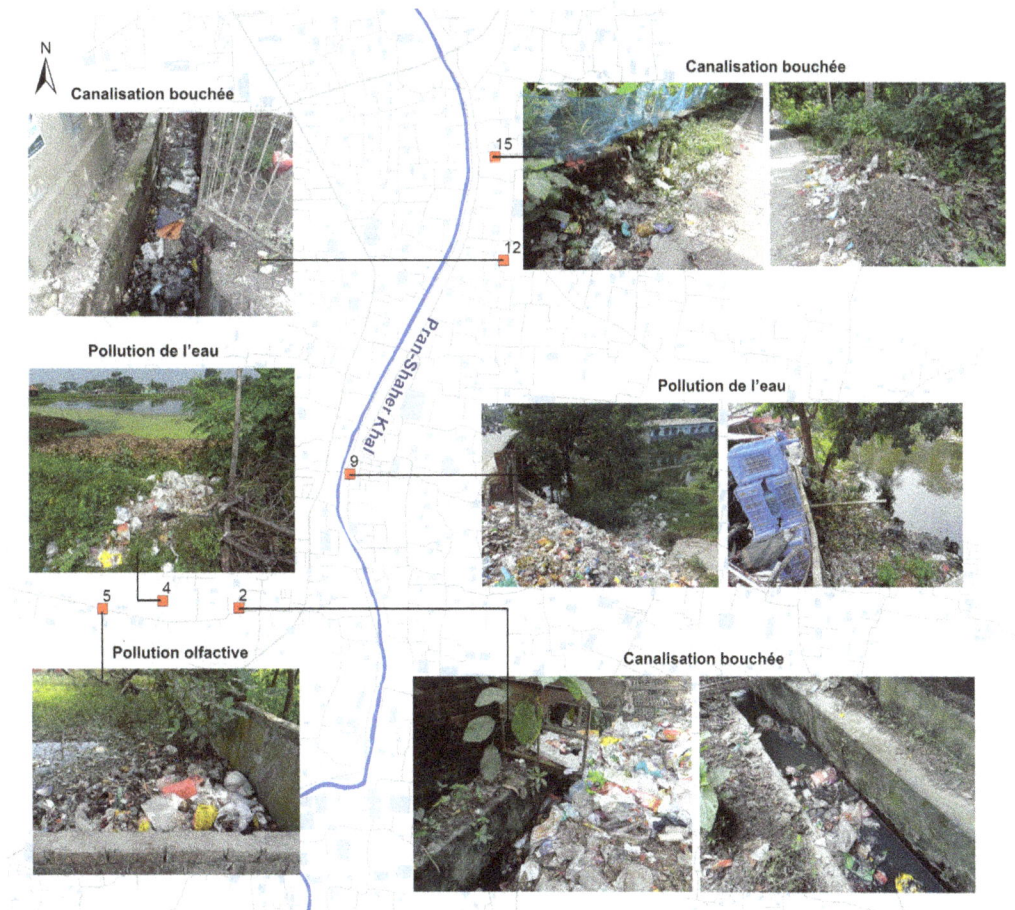

Figure 4.3 Répercussions négatives des déchets

Entreprises de gestion des déchets

La quantité moyenne de déchets par personne et par jour produite à Sathkira (0,25 kg) est faible par rapport aux normes mondiales (figure 4.7 à la fin du chapitre). Dans l'ensemble, cela signifie qu'environ 56 tonnes de déchets, y compris d'origine commerciale ou institutionnelle, sont produites par jour. Il n'existe pas d'estimatif clair du nombre de personnes travaillant dans les entreprises de gestion des déchets à Sathkira, mais il en existe probablement au moins 400, si l'on se base sur les estimatifs d'autres villes.[1]

L'une des choses les plus frappantes au sujet de la gestion des déchets à Sathkira est la proportion de ménages qui déclarent séparer au moins un type de déchets (figure 4.4). 69 % des personnes interrogées séparent le plastique, qui est le principal déchet séparé, parce qu'elles peuvent le revendre (93 %) ou parce qu'il est collecté en porte-à-porte (6 %). Le papier ou le carton est le second matériau le plus communément séparé par les ménages (37 %). Un réseau de récupérateurs, de ramasseurs et de négociants de déchets effectue ce recyclage. Le matériau qui a le plus de valeur aux yeux de ces prestataires est le métal, suivi du plastique (rigide) et du papier/carton.

Grâce à leur contribution, 441 tonnes de plastique, 78 tonnes de papier/carton et 52 tonnes de métal sont potentiellement récupérées chaque année[2]. Le secteur public ne joue aucun rôle dans ce processus. D'un autre côté, ces fractions de déchets constituent seulement 8 % au plus du poids des flux d'ordures ménagères.

Cet écosystème de récupération des matériaux, qui est en pleine croissance et extensif, est principalement informel. Aucun des ramasseurs ou récupérateurs de déchets interrogés n'était immatriculé, et seuls deux des négociants sur cinq l'étaient. Seul un travailleur sur 20 était affilié à une association : un des balayeurs qui était également le seul à avoir reçu une formation. Seul un négociant entretenait une relation avec la municipalité.

Le secteur est largement dominé par les hommes, hormis ceux qui sont employés comme balayeurs par la municipalité (35 femmes et 10 hommes). Les négociants de déchets ont tendance à être plus âgés (la plupart avaient plus de 40 ans) et à avoir un niveau d'instruction légèrement plus élevé, la plupart étant allé à l'école primaire, tandis que tous les récupérateurs et la plupart des balayeurs n'y étaient pas allés.

> Cet écosystème de récupération des matériaux, qui est en pleine croissance, est principalement informel

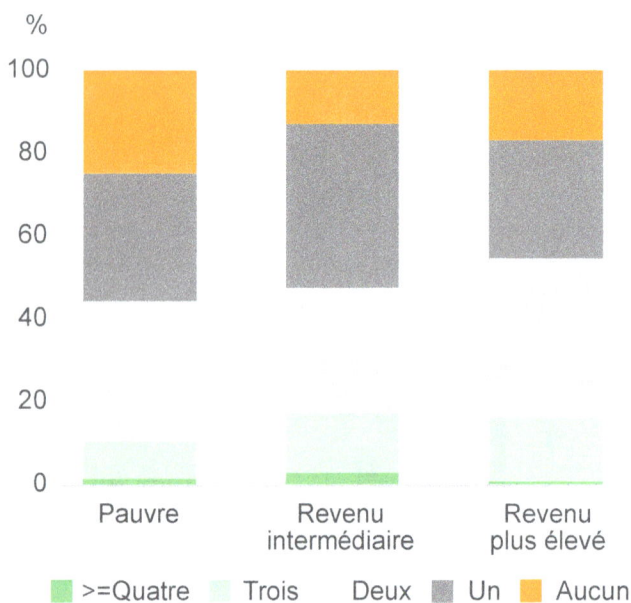

Figure 4.4 Nombre d'articles séparés par les ménages en vue du recyclage

Ramasseurs et récupérateurs de déchets

Les ramasseurs privés de déchets opèrent à Satkhira depuis un certain nombre d'années : tous ceux qui ont été interrogés y travaillaient depuis trois à huit ans. Cependant, leur activité reste à petite échelle, desservant seulement jusqu'à 10 ménages chacun (l'un d'entre eux en desservant 20) et « à la demande » plutôt que régulièrement. Les ramasseurs gagnaient un revenu supplémentaire en vendant des matériaux recyclables récupérés dans les déchets qu'ils ramassent. Les récupérateurs de déchets travaillaient depuis un nombre semblable d'années (entre trois et six ans), vendant ce qu'ils récupéraient aux négociants. Ils travaillaient à la fois au terminal de regroupement des déchets et en ville.

Négociants de déchets

Environ 120 entreprises travaillent dans le commerce des déchets

Les négociants de déchets estiment qu'environ 120 entreprises travaillent dans le commerce des déchets. Ils achètent les déchets en porte-à-porte, ou auprès des ramasseurs et des récupérateurs. Les déchets cumulés sont vendus à des négociants des centres urbains de plus grande taille : Khulna, Jessore, ou Dhaka. L'un d'entre eux a mentionné qu'afin d'élargir son activité, il avait besoin « d'investir dans un espace d'entrepôt, le transport, une machine de pesage, etc. » et que rassembler les fonds nécessaires prenait du temps. D'un autre côté, une activité élargie entraîne des exigences plus importantes en matière d'octroi de permis, de frais et d'acquisition de terres. Certains avaient le sentiment que leur expansion était entravée par « un syndicat d'entreprises plus larges contrôlant les opportunités au moyen de pots-de-vin et d'influence politique ».

**Encadré 4.1 Étude de cas :
Praveen Khatun, récupérateur de déchets**

Praveen travaille avec son mari. Chaque jour, ils ramassent un minimum de 5 à 7 kg de déchets, parfois même 10 à 12 kg, à l'aide de leur camionnette et revendent les déchets à des négociants. Ils ont réussi à rembourser les dettes accumulées lors de la faillite d'une autre activité.

« Nous sommes satisfaits de notre activité », a-t-elle déclaré. Elle reconnaît qu'il existe des risques physiques, et que son travail serait plus facile si les ménages séparaient leurs déchets.

Services municipaux, y compris les balayeurs

Dotée d'une main d'œuvre constituée de balayeurs, de ramasseurs et de conducteurs, ainsi que d'une petite flotte de véhicules, la municipalité déblaie les déchets des routes principales et des marchés trois fois par semaine, et des routes secondaires deux fois par semaine[3]. Le responsable de la conservation signale qu'environ 16 tonnes de déchets sont déblayées tous les jours et acheminées au centre terminal de regroupement des déchets. Cela représente environ 30 % du total des déchets.

Les balayeurs disent qu'ils n'ont pas de contrats permanents avec la municipalité. Ils travaillent entre 5 h/6 h du matin et 10 h ou midi pour un salaire mensuel de 2 900 BDT[4] soit 30 EUR. Certains (trois des cinq personnes interrogées) gagnent un petit supplément en récupérant des matériaux recyclables qu'ils revendent aux négociants de déchets.

Conditions de travail, harcèlement et discrimination

Le problème le plus courant mentionné par les récupérateurs et les ramasseurs était le manque d'accès à un EPI (mentionné par six personnes sur 10), bien que la plupart portent de bottes et des gants. Les négociants de déchets ont également mentionné des risques sanitaires et le manque d'accès à un EPI. Être balayeur n'est pas non plus un travail sûr ou souhaitable, et les femmes des groupes de discussion ont affirmé que les gens n'acceptaient ce travail qu'en désespoir de cause. La rémunération est faible et les conditions sont difficiles. Les restaurants et magasins de bord de route refusent de les servir pendant leurs heures de travail et ils n'ont aucun accès à de l'eau, à des toilettes ou à des installations de lavage des mains. Les balayeurs ont un EPI, mais qui est inconfortable avec la chaleur.

Les ramasseurs et les récupérateurs étaient les plus susceptibles d'être harcelés pendant leur travail. Les balayeuses faisaient également l'objet de harcèlement et ne se sentaient pas en sécurité, particulièrement lorsqu'elles commençaient le travail très tôt le matin. Les négociants de déchets du groupe de discussion ont expliqué qu'ils couraient le risque d'être accusés de manipuler des biens volés, ou même de le faire involontairement. D'un autre côté, la majorité des ménages interrogés (68 %) reconnaissaient que les récupérateurs de déchets faisaient du bon travail. Très peu (5 %) pensaient qu'ils posaient des problèmes.

Des efforts ont récemment été entrepris pour améliorer les conditions de travail, en particulier celles des balayeurs. Practical Action Bangladesh a créé une association dans ce but (un balayeur sur les cinq interrogés en faisait partie). Les participants aux discussions de groupe faisaient également partie de cette association, et savaient qu'un régime d'assurance maladie était en cours de création.

Action communautaire bénévole

L'exemple de l'encadré 4.2 (page suivante) est inhabituel. L'une des femmes que nous avons interrogées avait essayé de motiver ses voisins à déblayer leur quartier et à montrer l'exemple. Elle a déclaré : « Personne ne s'est proposé de m'aider ou n'a répondu à mon appel ». Cependant, elle a réussi à persuader la municipalité de fournir des balayeurs dans son quartier (qui n'avait jamais été desservi). Le dirigeant de la mosquée locale avait eu plus de succès à motiver

Les ramasseurs et les récupérateurs de déchets sont souvent harcelés pendant leur travail

ses voisins pour aider à entretenir les environs de la mosquée : « Lorsque j'ai moi-même commencé à nettoyer, d'autres personnes sont venues m'aider, ce qui est bon signe ».

Encadré 4.2 Étude de cas : Les résidents locaux passent à l'action

« Actuellement, tous les ménages qui vivent dans le voisinage jettent leurs ordures ménagères n'importe où et de ce fait, le quartier est sale et les mauvaises odeurs polluent également les environs » [Professeur d'anglais, 1er arrondissement]. Il a pris l'initiative de documenter la situation en photos et les a postées sur la page Facebook du maire. Il a acheté des poubelles et les a distribuées dans le voisinage, et a persuadé le maire de contribuer à leur achat et de garantir que les déchets soient ramassés. Le 1er arrondissement est maintenant l'un des trois arrondissements offrant un accès à des points de regroupement des déchets à une plus grande proportion de ménages (13 %).

Près des trois quarts des ménages interrogés (74 %), hommes et femmes, estimaient que jeter des déchets dans la rue n'était pas acceptable. En revanche, 19 % ont déclaré : « Ce n'est pas un problème. Je ne suis pas responsable du nettoyage, c'est le travail de quelqu'un d'autre ». Cette attitude était plus courante chez les ménages les plus aisés. Comme l'a dit une militante locale, « les habitants de ce quartier sont aisés et ont un niveau de scolarité élevé, mais leur sensibilisation à la gestion des déchets est très faible... Ils n'hésitent pas à jeter leurs déchets n'importe où » [2e arrondissement, femme au foyer et travailleuse communautaire].

Gouvernance et règlements

Le budget disponible couvre tout au plus la moitié des coûts de prestation d'un service de collecte

Les indicateurs WasteAware fournissent un bilan général des performances de la ville (figure 4.8). Nous avons noté qu'il existait des politiques nationales de promotion de la récupération et du recyclage, et d'alternative au dépôt des déchets dans les décharges. Cependant, dans les villes secondaires comme Sathkira, il est difficile de faire de ces politiques une réalité. Le manque de ressources humaines, matérielles et financières ne permet pas de bien gérer les déchets solides. Le budget couvre tout au plus la moitié (un chiffre probablement sous-estimé) des coûts de prestation d'un service de collecte pour tous et de balayage adéquat des rues. Les fonds proviennent des frais de service versés par les ménages et les entreprises (mais pas les populations des quartiers pauvres). La municipalité n'a pas de stratégie, de plan ou d'objectifs en matière de gestion des déchets solides, et n'a pas réfléchi à comment gérer les quantités croissantes de déchets proportionnelles à la croissance annuelle de la population. Les notes « faible » et « faible à moyen » de la cohérence locale institutionnelle (6L) et de la viabilité financière (5F) le reflètent bien.

La note attribuée à la municipalité pour l'inclusion des utilisateurs est bien meilleure (4U). La ville dispose de comités de coordination multipartites fonctionnels à l'échelle de l'arrondissement et de la ville, sans doute grâce aux efforts progressifs de la société civile locale et d'un certain nombre de projets liés à la gouvernance. Ces comités comprennent des représentants communautaires et les problèmes de gestion des déchets solides y font souvent l'objet de discussions.

Les négociants et entreprises de gestion des déchets, y compris les quelques entreprises formellement immatriculées, ont déclaré n'avoir aucune implication avec la municipalité (4P). Ils pensent que leur expertise pourrait contribuer à élaborer une stratégie commune permettant d'améliorer la situation de gestion des déchets, mais qu'ils n'ont pas eu l'occasion de le faire. Il existe une association regroupant ces entreprises, mais elle n'est actuellement pas active. Un chef d'entreprise plus large a déclaré : « Actuellement, les chefs d'entreprise ne se rendent dans les bureaux municipaux que pour obtenir ou renouveler leur licence commerciale chaque année. [Nous] n'interagissons pas du tout avec les autorités municipales pour discuter de développement commercial, de sûreté et de sécurité, ou d'aspects potentiels du secteur de la gestion des déchets. »

Conclusion

La municipalité reconnaît que la situation de la gestion des déchets solides de la ville est médiocre et qu'une intervention est nécessaire. Cependant, elle a du mal à entrevoir comment améliorer la situation, compte tenu de ses ressources limitées.

Les ménages aimeraient avoir accès à des services réguliers et pratiques qui éliminent effectivement tous les déchets de leur voisinage. La plupart d'entre eux ont le sentiment que la municipalité devrait être capable de fournir ces services étant donné les frais de service qu'ils déboursent. Avoir accès à un plus grand nombre de poubelles secondaires de collecte ne les intéresse pas. Les communautés refusent d'avoir des poubelles supplémentaires dans leur quartier parce qu'elles craignent qu'elles soient tout aussi mal gérées que les autres.

Les entreprises de gestion des déchets et le secteur informel aimeraient travailler en partenariat avec la municipalité pour mettre au point une stratégie de gestion s'appuyant sur les atouts existants et les pratiques de séparation des déchets en vue du recyclage auxquelles les ménages sont déjà habitués. La portée du système de récupération de certains des types de déchets qui ont le plus de valeur est remarquable. Une campagne de sensibilisation sur la contribution des agents de propreté et les responsabilités des résidents de participer aux efforts de réduction des problèmes de déchets est clairement nécessaire. Cette campagne devrait reconnaître la nature hautement spécifique au genre des pratiques de gestion des déchets à l'échelle du ménage.

Sathkira continue à s'élargir. Son approche actuelle de gestion des déchets ne permet pas de gérer les volumes croissants de déchets laissés à l'abandon qui polluent l'environnement, mettent en danger la santé des citoyens et exacerbent les problèmes d'inondation et d'eau stagnante. Les bonnes intentions du gouvernement ne suffisent pas : il est temps d'élaborer une stratégie plus active, dotée d'un soutien financier accru, avec des objectifs progressifs et une approche de partenariat qui permet de tirer parti des atouts du secteur du recyclage informel. Tous les efforts doivent être entrepris pour garantir que le processus permette de mettre en valeur la contribution des agents informels de propreté, en particulier celle des femmes.

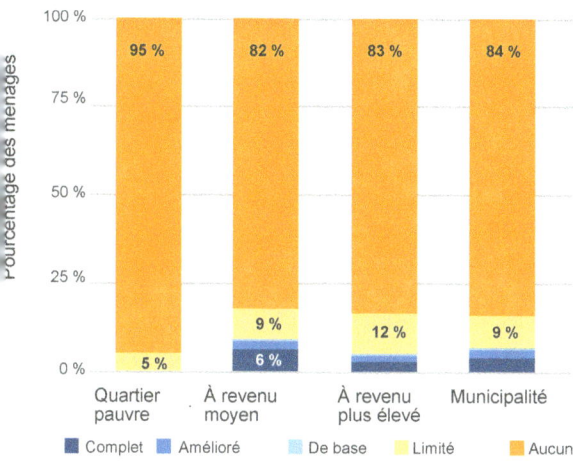

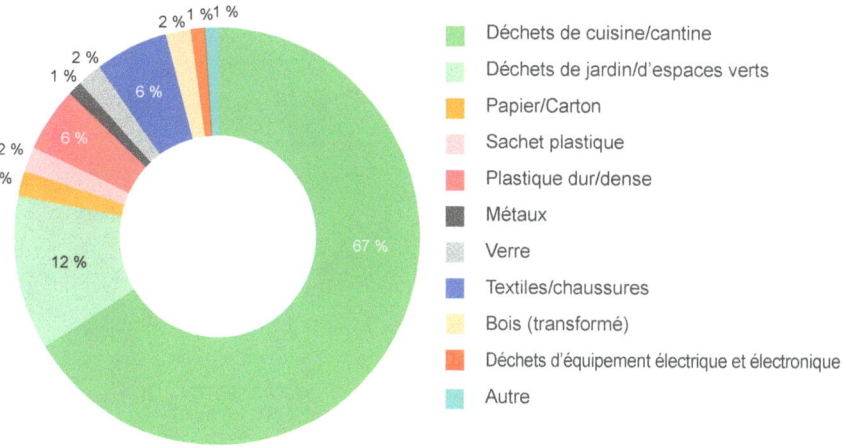

Figure 4.5 Échelle des services de gestion des déchets par catégorie sociale

Figure 4.6 Composition des ordures ménagères (ensemble de la municipalité)

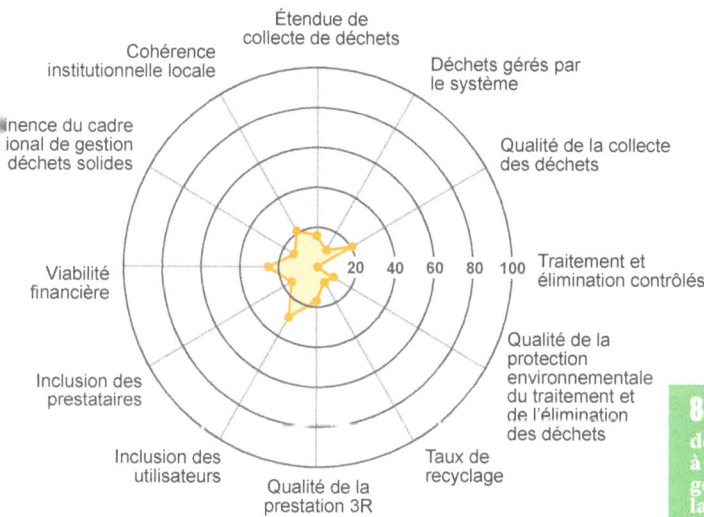

Légende Figure 4.5 : Complet, Amélioré, De base, Limité, Aucun

Légende Figure 4.6 :
- Déchets de cuisine/cantine
- Déchets de jardin/d'espaces verts
- Papier/Carton
- Sachet plastique
- Plastique dur/dense
- Métaux
- Verre
- Textiles/chaussures
- Bois (transformé)
- Déchets d'équipement électrique et électronique
- Autre

Figure 4.8 Indicateurs WasteAware

Axes Figure 4.8 : Étendue de collecte de déchets, Déchets gérés par le système, Qualité de la collecte des déchets, Traitement et élimination contrôlés, Qualité de la protection environnementale du traitement et de l'élimination des déchets, Taux de recyclage, Qualité de la prestation 3R, Inclusion des utilisateurs, Inclusion des prestataires, Viabilité financière, Pérennence du cadre national de gestion des déchets solides, Cohérence institutionnelle locale

Figure 4.7 Poids moyen de déchets quotidiens par personne

- **0,27 KG** Quartiers pauvres
- **0,23 KG** À revenu moyen
- **0,26 KG** À revenu plus élevé
- **0,25 KG** Moyenne pour l'ensemble de la ville

84 % des ménages n'ont accès à aucun service de gestion des déchets, mais la même proportion sépare les déchets pour les recycleurs informels

441 tonnes de plastique récupérées chaque année auprès des ménages

55 % des femmes des quartiers pauvres déclarent que les déchets constituent un problème prioritaire qui les touche quotidiennement

Figure 4.9 Flux de déchets municipaux

Légende:
- Tonnes par jour
- Prestataires de services privés
- Services municipaux/publics

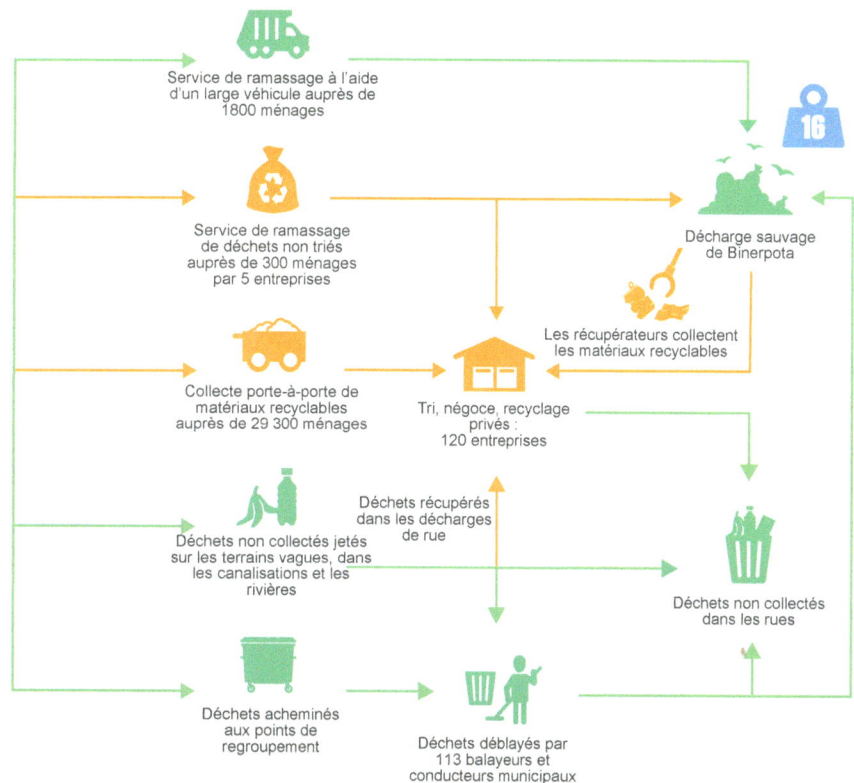

PRODUCTEURS DE DÉCHETS — 56

Service de ramassage à l'aide d'un large véhicule auprès de 1800 ménages

Service de ramassage de déchets non triés auprès de 300 ménages par 5 entreprises

Collecte porte-à-porte de matériaux recyclables auprès de 29 300 ménages

Décharge sauvage de Binerpota — 16

Les récupérateurs collectent les matériaux recyclables

Tri, négoce, recyclage privés : 120 entreprises

Déchets récupérés dans les décharges de rue

Déchets non collectés jetés sur les terrains vagues, dans les canalisations et les rivières

Déchets non collectés dans les rues

Déchets acheminés aux points de regroupement

Déchets déblayés par 113 balayeurs et conducteurs municipaux

5 DHENKANAL DANS L'ODISHA EN INDE

La population en Inde continue à augmenter, et avec elle les gigantesques quantités de déchets solides. Comme le souligne l'Asia Waste Management Outlook (Modak et coll., 2017 : 7), « le consumérisme augmente à un rythme rapide en Asie... accompagné d'une consommation matérielle accrue en produits style de vie, en alimentation et boissons, en produits électroniques, etc. » La capacité d'adaptation à cette transition n'évolue pas suffisamment vite. Le ministère indien de l'Environnement, des Forêts et du Changement climatique (MoEFCC) estime que 75 à 80 % des déchets municipaux sont collectés, mais que seuls 22 à 28 % sont traités et transformés (Singh, 2020).

Les autorités fédérales ont certes fait des efforts pour renforcer la législation sur la gestion des déchets solides. En 1996, dans le cadre de procédures judiciaires d'intérêt public, la Cour suprême d'Inde a exigé que la gestion des déchets soit hygiénique et écologique dans toutes les villes de 1ʳᵉ classe en Inde (population de plus de 100 000 habitants). Les règles concernant la gestion des déchets solides municipaux exigent que les municipalités « promeuvent le recyclage ou la réutilisation des matériaux séparés » et « garantissent une participation communautaire à la séparation des déchets ». Swachh Bharat Mission (« Nettoyer l'Inde »), campagne phare du gouvernement, lancée en 2014, incluait un objectif visant à garantir la collecte des ordures ménagères en porte-à-porte et leur élimination appropriée d'ici 2019 (Ghosh, 2016). Les nouvelles règles de gestion des déchets solides de 2016 encouragent le tri à la source et l'inclusion des récupérateurs informels de déchets (Singh, 2020).

D'un autre côté, la récupération des déchets est une tactique de survie urbaine bien établie, et le recyclage est une activité florissante dans les petites et grandes villes d'Inde. Selon certains estimatifs, il aide 0,5 % de la population des villes, soit 1 million d'habitants, à subvenir à leurs besoins (Singh, 2021) et permet aux autorités municipales d'économiser 10 à 15 % de leurs coûts totaux de gestion des déchets. Cependant, l'intégration du secteur informel avec les structures du secteur public est souvent médiocre, les exemples nationaux réussis (comme à Pune ; cf. Parsons et coll., 2019) étant rares).

Municipalité de Dhenkanal : contexte et structure de la gestion des déchets

Le succès des efforts de gestion des déchets solides des villes en Inde, quelle que soit leur taille, dépend de l'approche adoptée par l'État et de la capacité des autorités locales urbaines. Notre étude s'est axée sur la ville de Dhenkanal dans l'Odisha, l'un des États dont les résultats au dernier recensement de 2011 étaient les pires en matière d'accès aux services urbains. Dhenkanal est l'une des 114 zones urbaines de l'État. Sa population était de 64 414 habitants en 2011 et devrait augmenter de 10 % pour passer à 74 000 habitants d'ici 2021, selon les estimatifs. Le district comporte de larges zones forestières et agricoles. Capitale du district, Dhenkanal est fière de son héritage culturel : ses temples anciens, son fort médiéval et ses festivals annuels populaires.

Selon les estimatifs des autorités locales en 2020, 16 670 habitants formaient 43 communautés pauvres (soit un peu moins d'un quart de la population). Les quartiers pauvres sont de taille relativement petite (70 ménages en moyenne). Lors de notre enquête, nous avons interrogé un échantillon de ménages des quartiers pauvres et non pauvres dans les 23 arrondissements municipaux (figure 5.1).

L'ingénieur municipal est responsable de la gestion des déchets solides, en collaboration avec un agent du département de l'assainissement. En 2015, les services de collecte en porte-à-porte ne desservaient que quelques ménages, il n'existait aucun tri des déchets et la décharge finale était très mal gérée. Les poubelles sur les marchés et dans les espaces publics débordaient souvent, et les déchets non collectés constituaient un réel risque pour la santé (Practical Action, 2015). En août 2019, la municipalité a lancé un programme ambitieux de gestion des déchets solides. Elle a signé un accord de partenariat public-privé (PPP) avec Pratyush Sanitation pour fournir et superviser des services de collecte des déchets, et gérer de nouveaux centres de récupération des matériaux et de micro-compostage. Le personnel de la municipalité continue à collecter les déchets dans huit arrondissements. Les données que nous avons recueillies datent de décembre 2020, soit un peu plus d'un an après le lancement de ces nouveaux services.

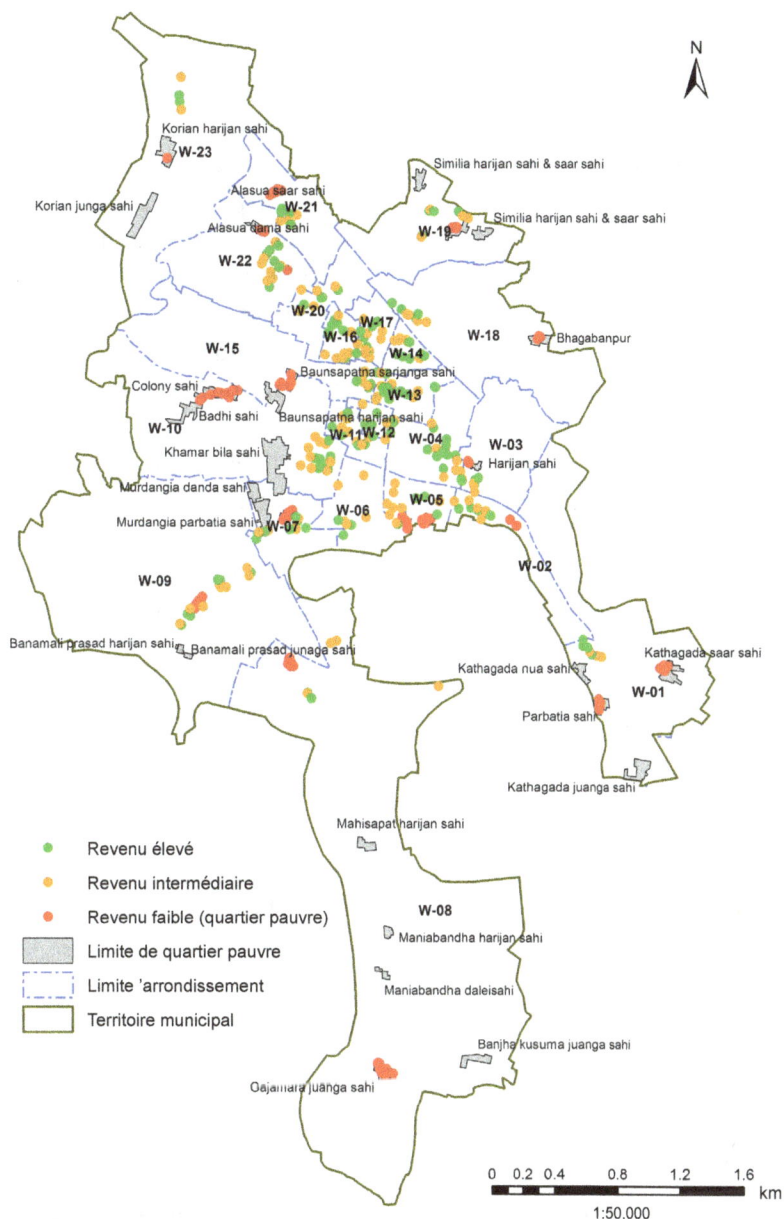

Figure 5.1 Distribution géographique des ménages ayant répondu
à l'enquête dans la municipalité de Dhenkanal

Accès des ménages à des services de gestion des déchets

La ville produit quotidiennement 32 tonnes de déchets

Depuis 2019, les ordures ménagères sont collectées en porte-à-porte et les rues balayées dans tous les arrondissements de la ville (communautés des quartiers pauvres et autres). La municipalité emploie directement 12 superviseurs, 10 conducteurs et plus de 60 balayeurs de rue. Pratyush emploie 220 personnes comme ramasseurs, balayeurs et travailleurs manuels, conducteurs et superviseurs (tableau 5.1). La séparation à la source des fractions humides (organiques, déchets de cuisine) et sèches est encouragée. Il n'existe pas d'estimatifs précis sur le nombre de personnes impliquées dans le négoce informel de déchets, mais il s'agirait d'un minimum de 300 personnes[1]. Ensemble, elles gèrent près de 32 tonnes de déchets produits quotidiennement. Notre échelle des déchets prend en considération quatre éléments clés de la prestation de services aux ménages :

1. *Accès* : le PPP avec Pratyush a complètement transformé le secteur ; 97 % des ménages déclarant à présent bénéficier de la collecte de déchets. Seuls quatre arrondissements avaient des taux inférieurs à 100 %. Très peu de personnes ont encore recours à l'incinération de leurs déchets ou les entrepose à l'extérieur de leur habitation. Les ménages paient une redevance à la municipalité qui varie en fonction de la taille du sous-bassement de leur habitation. Cette redevance s'élevait en moyenne à 22 INR par mois pour les ménages pauvres, 45 INR pour les ménages à revenus intermédiaires et 60 INR pour les ménages à revenus plus élevés. En guise de comparaison, le salaire minimal journalier officiel en avril 2020 d'un travailleur non qualifié dans l'État d'Odisha était de 303 INR.

2. *Qualité* : les taux de satisfaction concernant la fiabilité et la qualité globale du service de collecte des ordures ménagères étaient élevés : 98 % ont déclaré que les déchets étaient collectés « presque toujours » dans les délais prévus, ils étaient ramassés quotidiennement, les poubelles publiques étaient vidées et les rues étaient balayées.

3. *Impact* : malgré les taux élevés de collecte, les ménages ont déclaré que « l'élimination des déchets solides sans aucune distinction » avait des répercussions négatives sur leur voisinage. Dans les quartiers pauvres, ces répercussions étaient « modérées » selon 94 % des ménages, et dans les quartiers non pauvres, elles étaient « importantes » selon 78 % des ménages. Les personnes interrogées se sont plaintes des canalisations obstruées, de la vermine (mouches, moustiques et rongeurs) et des odeurs nauséabondes. Selon elles, les marchés locaux étaient la principale cause du problème, ainsi que, dans une moindre mesure, les ménages, les hôtels et les cafés.

4. *Séparation en vue du recyclage* : les ménages sont supposés séparer les déchets en fractions humides et sèches en vue de leur ramassage. Ils séparent également les déchets pour les vendre aux négociants informels. Lors de notre enquête, seuls 20 % des résidents (10 % des quartiers pauvres et 22 % des quartiers non pauvres) ont déclaré qu'ils séparaient les déchets en vue de leur recyclage : le plus souvent papier ou carton, et déchets organiques/de cuisine. Nous ne savons pas si ces déchets étaient destinés aux négociants de déchets ou au service municipal de collecte des ordures ménagères. Les entreprises ont confirmé que la séparation en vue de la collecte municipale des ordures ménagères n'était pas bien faite. Malgré une potentielle confusion des réponses à l'enquête, nous estimons qu'environ 40 % des ménages séparent leurs déchets.

Les attitudes envers l'abandon de détritus dans la rue demeurent déplorables malgré de récentes campagnes de sensibilisation. Dans les communautés des quartiers pauvres, deux tiers des ménages ont déclaré que jeter des détritus dans la rue n'était pas un problème parce que « ce n'est pas mon travail de garantir la propreté de la rue, c'est celui d'autres personnes. » Seuls 8 % des habitants des quartiers pauvres et 33 % de ceux des quartiers non pauvres ont déclaré que jeter les détritus dans la rue était un problème et que la responsabilité de la propreté du voisinage incombait à tous.

Dans l'ensemble, les ménages sont bien desservis en matière de gestion des déchets. Cependant, les répercussions néfastes permanentes des déchets sur la communauté et l'insuffisance de la séparation en vue du recyclage font que les ménages demeurent au niveau « de base » ou « limité » de l'échelle (cf. figure 5.3 à la fin du chapitre).

Les services de collecte de déchets desservent 97 % des ménages

Les attitudes envers les détritus jetés dans la rue restent déplorables malgré les campagnes de sensibilisation

Les groupes de discussion et les entretiens individuels ont apporté des précisions sur les répercussions de la gestion médiocre des déchets, soulignant le besoin d'une bonne combinaison entre les services de collecte, le vidage des poubelles publiques et le balayage des rues. Les participants aux groupes de discussion ont souligné les problèmes d'odeurs et de vermine, tels que les rongeurs et d'autres animaux (chiens, bétail). Un résident de quartier pauvre a déclaré : « la poubelle est souvent pleine au point de déborder. Parfois... le sol autour de la poubelle est jonché de détritus. La poubelle est grande ouverte et sent mauvais. » Le problème le plus fréquemment mentionné par les participants à l'enquête était l'obstruction des canalisations (figure 5.2).

Cependant, de récentes améliorations de services commencent à modifier les pratiques habituelles. Les participants des groupes de discussion ont commenté : « La municipalité fait du bon travail de nos jours. De plus, les familles ici coopèrent à tous les aspects de gestion de déchets solides. »

La gestion des déchets à l'échelle des ménages est perçue comme la responsabilité des femmes, car elles sont également responsables du foyer et de la cuisine. Une proportion plus élevée de femmes que d'hommes reste à la maison et gère le foyer. Cependant, les hommes du ménage qui sont rémunérés paient les services de gestion des déchets.

La quantité moyenne de déchets quotidiens par personne était de 0,33 kg

Composition des ordures ménagères

La quantité moyenne de déchets quotidiens par personne était de 0,33 kg à Dhenkanal (figure 5.5). La majorité était des déchets de cuisine ou de jardin (57 %). Parmi les autres fractions importantes se trouvaient les plastiques durs (20 %) et le papier ou le carton (13 %) (figure 5.4). Les entreprises de collecte de déchets ont constaté que les déchets avaient augmenté au cours de la dernière année (pendant la pandémie de COVID-19), certaines d'entre elles ayant signalé une augmentation des déchets plastiques.

Entreprises de gestion des déchets

La nomination de Pratyush a entraîné un contraste flagrant entre le balayage, la collecte et le recyclage organisés par le secteur public, et la récupération et le négoce de déchets des entreprises privées. Les indicateurs WasteAware sur l'inclusion des prestataires (une note globale « moyen ») reflètent mal ce contraste parce que Pratyush est bien intégré avec la municipalité tandis que les récupérateurs et les négociants informels et privés sont presque entièrement exclus.

La tranche d'âge des travailleurs des entreprises de gestion des déchets à Dhenkanal est large, 35 ans étant l'âge médian. En revanche, la répartition par sexe est très inégale. Le commerce des déchets est clairement dominé par les hommes tandis que les ramasseurs de Pratyush sont tous des femmes. Parmi les récupérateurs de déchets et les balayeurs se trouvent à la fois des hommes et des femmes.

Ramasseurs de déchets et balayeurs de rue

Pratyush emploie 46 personnes comme ramasseurs de déchets en porte-à-porte. Ce sont presque toutes des femmes, identifiées dans des groupes d'entraide féminine. Ces travailleurs étaient les mieux éduqués, quatre sur six d'entre eux étant allés au collège ou au lycée. Ils avaient reçu une formation de conduite de véhicules et de collecte de déchets. Les balayeurs que nous avons

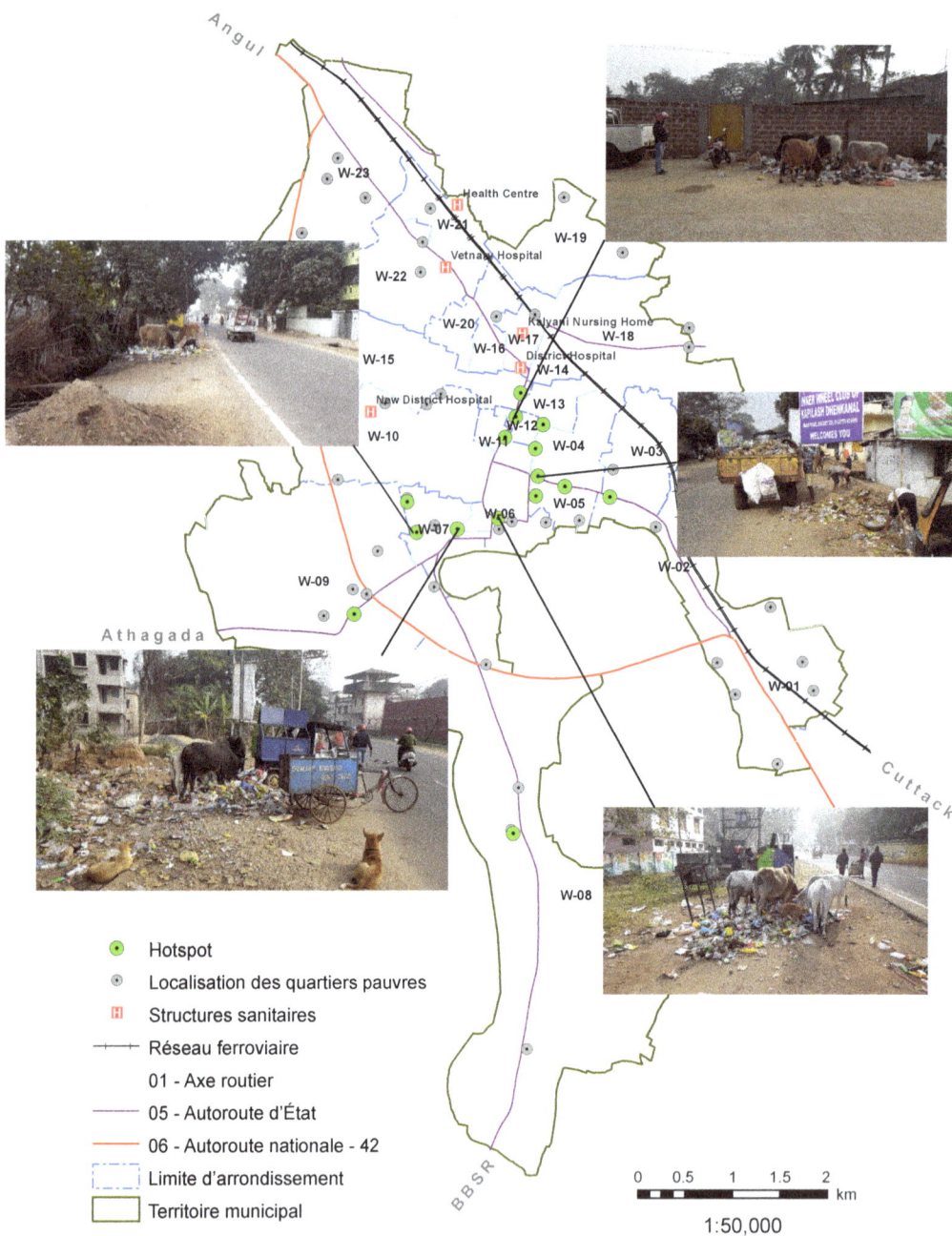

Figure 5.2 Zones sensibles de gestion des déchets de la municipalité de Dhenkanal

interrogés travaillaient pour la municipalité. Aucun d'entre eux n'était allé à l'école primaire et ils travaillaient comme balayeurs depuis au moins 12 ans.

25 *swachh saathis*, ce qui signifie « amies de la propreté », sélectionnées dans des groupes d'entraide féminine, travaillaient également dans la ville. Les swachh saathis jouaient un rôle clé dans la sensibilisation à la séparation des déchets et au paiement des redevances. Des femmes travaillaient également dans les centres de compostage pendant trois à quatre heures par jour, gagnant environ 4 000 INR par mois.

Récupérateurs de déchets

Nous avons interrogé cinq récupérateurs de déchets, trois hommes et deux femmes. Ils travaillaient tous depuis 12 à 19 ans, certains ayant commencé enfants. Aucun d'entre eux n'était allé à l'école primaire. Aucun d'entre eux n'avait de relations avec les collectivités locales, n'était immatriculé (il n'existe aucune procédure pour le faire) ni n'appartenait à une association.

Aucun des récupérateurs n'était allé à l'école et n'était en relation avec les collectivités locales

Tableau 5.1 Agents de propreté employés par la municipalité et son partenaire du secteur privé

Personnel municipal		Personnel de Pratyush	
Rôle	Nbre	Rôle	Nbre
Agent chargé de l'assainissement Gère la mise en œuvre de la gestion des déchets solides sur le terrain	1	**Responsable** Gestion globale pour le compte de Pratyush	1
Superviseurs Supervisent le travail des balayeurs, des conducteurs et d'autres membres du personnel travaillant à la gestion des déchets solides. Chaque superviseur est responsable d'un ou deux arrondissements.	12	**Superviseurs** Supervisent le travail des ramasseurs de déchets et des balayeurs (6), et le fonctionnement des centres de microcompostage (CMC) et des installations de récupération des matériaux (IRM) (5).	11
Conducteurs de tracteurs, de la pelleteuse et de l'excavateur de tranchées	10	**Conducteurs** de huit tracteurs, d'une pelleteuse et d'un excavateur de tranchées	10
		Opérateurs de tracteur : quatre par tracteur	32
Balayeurs travaillant dans huit arrondissements	60+	**Balayeurs** travaillant dans quinze arrondissements, cinq par arrondissement	75
		Balayeurs supplémentaires : travaux divers	45
Travailleurs des CMC et des IRM	11	**Ramasseurs** Deux par arrondissement, 23 arrondissements	46
Swachh saathis employés pour séparer 25 les déchets aux CMC et aux IRM	25		
Total	119	Total	220

Les récupérateurs travaillent dans les quartiers résidentiels. Le négociant en déchets interrogé a déclaré que ses récupérateurs trouvaient des déchets dans les décharges du quartier et en achetaient auprès des ménages. Les récupérateurs ont déclaré que la collecte municipale des ordures ménagères les empêchait d'élargir leur activité, et ce malgré l'augmentation des volumes de déchets urbains au même rythme que celle de la population. Les types les plus populaires et utiles de déchets sont le plastique, le verre et le métal. La plupart ont déclaré qu'ils les vendaient à des acheteurs uniques. Seul un les vendait à de multiples acheteurs.

Négociants de déchets

Le négoce de déchets est une activité dominée par les hommes, et les hommes interrogés y travaillaient depuis 10 à 20 ans. Comme pour les récupérateurs, aucun des négociants n'avait été scolarisé, même pas à l'école primaire. L'un d'entre eux travaillait seul tandis que les autres employaient du personnel, la plupart moins de cinq personnes bien que l'un d'entre eux ait des effectifs plus importants. Comme pour les récupérateurs de déchets, cette activité est informelle. Aucune des entreprises n'était immatriculée et n'avait de relation avec les collectivités locales. L'un des négociants plus importants estimait qu'il existait au moins 10 autres moyennes ou grandes entreprises opérant en ville, et au moins 20 autres plus petites. Bien que les négociants ne fassent pas partie d'une association formelle, ils se connaissent et travaillent parfois ensemble pour vendre collectivement leurs matériaux à de grands acteurs ce qui leur donne un pouvoir de négociation plus important.

Malgré le rôle accru de la municipalité, les négociants ont tous déclaré que leur activité grandissait grâce à la croissance de la population en ville et des besoins de leurs clients. Comme pour les récupérateurs, les déchets qu'ils commercialisent sont le plastique, le verre, le métal, le papier et le carton.

Nous avons interrogé l'un des principaux négociants de déchets qui travaille avec 12 récupérateurs, leur fournissant des « pousse-pousse » (chariots) et achetant tous les déchets recyclables qu'ils récupèrent quotidiennement. Ses estimatifs de volumes achetés suggèrent qu'il gère à lui seul 8 % du papier et du carton, 9 % du verre et 2 % du plastic dur produit en ville. Le fer et l'étain sont les matériaux recyclables les plus lourds. Nous n'avons pas identifié de larges volumes de métaux au cours de notre évaluation des quantités et de la composition des ordures ménagères. Cependant, les entreprises ou les ménages peuvent recycler de temps en temps des objets métalliques plus larges, mais pas régulièrement. Les métaux destinés au recyclage sont probablement entièrement gérés par les négociants de déchets plutôt que par la municipalité.

> Les négociants de déchets achètent et vendent du plastique, du verre, du papier et du carton

Tableau 5.2 Quantités de déchets gérées par un négociant de déchets de taille moyenne à large à Dhenkanal

	kg/jour achetés par le négociant auprès de récupérateurs de déchets	kg/jour produits en ville	Portion d'ordures ménagères gérée par un seul négociant
Papier	120	3 187	8 %
Emballages en carton	200		
Plastique	120	6 381	2 %
Étain	40	471	59 %
Fer	240		
Verre	120	1 378	9 %
Total	840		

Remarque : Nous avons calculé les taux de production de déchets de la ville en fonction des déchets produits par les ménages plus 30 % pour les entreprises et les institutions. Notre évaluation a probablement sous-estimé les quantités de déchets métalliques de la ville.

Centres de compostage et de recyclage

La municipalité a construit cinq centres de compostage et de récupération de matériaux. Des données complètes sur les volumes de déchets de février 2021 ont révélé que ces centres avaient reçu en moyenne 1,03 tonne de déchets organiques (« humides ») et 0,15 tonne de déchets « secs ». Les volumes de déchets humides enregistrés en mai et en juin étaient supérieurs à 3,3 et 3,1 tonnes par jour. Il semblerait donc que jusqu'à 19 % des ordures ménagères organiques soient acheminés jusqu'aux centres, et seulement 2 % des déchets secs. En ce qui concerne les matériaux recyclables, le pourcentage était inférieur à celui obtenu par un négociant à lui seul.

> Près de 19 % des ordures ménagères organiques et 2 % des ordures sèches sont acheminées dans les centres de recyclage

Conditions de travail des entreprises de gestion des déchets

Les conditions de travail de toutes les entreprises de gestion des déchets pourraient être améliorées. Tous les récupérateurs, négociants et balayeurs ont mentionné des problèmes relatifs aux maladies et accidents du travail, et autres questions sanitaires, ainsi que le manque d'EPI. Ils ont également tous mentionné le manque d'accès à de l'eau, à des toilettes ou à des installations de lavage des mains. Seul l'un des ramasseurs a mentionné qu'il portait des gants, un masque et un uniforme. En revanche, les balayeurs avaient des masques et des gants.

Toutes les ramasseuses de déchets ont indiqué être victimes de harcèlement par la communauté. Ce n'était pas le cas des négociants et des balayeurs. En revanche, quatre récupérateurs de déchets sur cinq ont également déclaré être victimes de harcèlement. Les personnes interrogées semblaient avoir une attitude ambivalente envers les récupérateurs de déchets, 98 % ayant déclaré « Je n'ai pas d'opinion. Ils essaient juste de gagner leur vie. »

**Encadré 5.1 Étude de cas :
Papun, ancien récupérateur de déchets devenu négociant accompli**

« J'ai commencé à récupérer des déchets à l'âge de 10 ans avec mes cousins, arpentant les ruelles de la ville à la recherche de détritus... Comment pourrais-je oublier les fois où j'ai été frappé par un policier, où j'ai fait les frais du comportement fanatique de gens ordinaires, et j'ai supporté et souffert de la tricherie des propriétaires de magasins de « kawadi » (déchets) ? La police nous soupçonnait de vol. Les récupérateurs de déchets plus âgés s'emparaient de nos déchets de valeur. J'ai progressivement appris quels étaient les meilleurs endroits et horaires pour récupérer les plus grandes quantités de déchets de valeur.

À 14 ans, j'ai rencontré l'oncle de Ramesh dans l'échoppe où j'allais boire le thé après le travail. Il venait tout juste de commencer son propre négoce de kawadi. Il m'a inspiré, puis m'a invité à travailler avec lui et trois ans plus tard, j'ai réussi à amorcer ma propre activité. Il m'a fallu 10 ans pour développer entièrement mon activité.

La municipalité collecte et gère maintenant mieux les déchets... mais il lui reste encore beaucoup à faire pour assainir la ville à 100 %. Je suis toutefois déçu. Nous (les négociants) assainissons la ville et contribuons à la gestion des déchets solides de la ville. Cependant, la municipalité ne reconnaît pas nos efforts. »

Gouvernance et règlements

Les indicateurs WasteAware fournissent un aperçu des résultats de performance de la ville (figure 5.6). La municipalité a considérablement augmenté ses investissements dans la gestion des déchets solides et a conclu un partenariat avec une entreprise du secteur privé. Une planification, des investissements et une compétence technique considérables étaient nécessaires. La municipalité dispose d'un budget séparé pour la gestion des déchets solides et depuis août 2019, les ménages lui paient une redevance (ou « impôt retenu à la source » (9 430 ménages soit 57 %). La municipalité perçoit également des revenus des centres de compostage et de récupération de matériaux (environ 476 000 INR par an, soit 5 570 EUR). Grâce à ces revenus, elle paie son personnel, achète des véhicules et des poubelles, et finance son programme de sensibilisation. Elle paie également Pratyush pour ses services.

La municipalité a investi 35,1 millions INR (410 000 EUR) dans la construction de cinq centres de recyclage : quatre pour le compostage et la récupération de matériaux, et un pour le compostage uniquement. Elle a l'intention de construire plus de centres à l'avenir. Elle utilise ses propres fonds, ainsi que des fonds de l'État. Sa note de viabilité financière (5F) est par conséquent « moyenne à élevée ». Les centres de recyclage et de compostage sont bien gérés, mais la note de la municipalité dans son ensemble pour la protection environnementale (2E) n'est que moyenne à cause de la manière dont les récupérateurs de déchets et les négociants informels manipulent les déchets et de la médiocrité des contrôles au niveau de l'élimination finale.

L'inclusion des utilisateurs lors de la planification (4U) est également assez bonne. Les efforts de la municipalité en matière de gestion des déchets solides incluaient des réunions à l'échelle des arrondissements qui permettaient aux résidents de participer à la conception du service. La note de la municipalité pour la cohérence institutionnelle (6L) était moyenne. Cette note comprend la capacité à planifier, superviser et réguler les services de gestion des déchets. Il s'agit d'une bonne note pour une municipalité de cette taille.

> **La municipalité a investi 410 000 EUR dans la construction de cinq centres de recyclage**

> L'adoption d'un modèle financier durable était urgente et nécessaire à la réussite des efforts de gestion des déchets solides. Nous avons effectué une étude afin d'évaluer la mesure dans laquelle les ménages étaient ou non « enclins à payer ». Nous avons entrepris en même temps une action de sensibilisation et de campagne de multiples manières. La campagne a duré six mois et était centrée sur les questions, problèmes et perspectives d'avenir des ménages en matière de gestion des déchets solides.
>
> *Cadre supérieur de la municipalité de Dhenkanal*

Conclusion

Dhenkanal a fait en peu de temps des progrès remarquables dans la transformation de ses services de gestion des déchets solides et a poursuivi ses efforts malgré la pandémie *de COVID-19. La municipalité a l'ambition de remporter le prix Swacha* Sarveykhyan de la ville la plus propre. Son approche consiste à investir dans la conversion « des déchets en richesse » au lieu de simplement « collecter et abandonner » les déchets. Le service de collecte qu'elle fournit est apprécié par les résidents et vise à rediriger la majorité des déchets des décharges vers les centres décentralisés de microcompostage et de recyclage de la ville. Les rues ne sont pas entièrement exemptes de détritus, mais leur quantité a considérablement baissé et une bonne proportion de déchets organiques est transformée en compost. Il reste encore du travail à faire pour changer certains des comportements et des attitudes des résidents qui ne séparent pas leurs déchets et qui abandonnent les détritus dans la rue ou ne pensent pas que ce comportement pose un problème.

Cependant, tous ces efforts de la municipalité ont été mis en œuvre sans tenir compte des récupérateurs et des négociants de déchets existants qui sont pourtant très efficaces. Ces acteurs informels continuent à gérer d'importantes quantités de déchets de valeur et à manipuler une quantité de matériaux secs recyclables bien supérieure à celle gérée par la municipalité.

Au fil de nombreuses années, ils ont acquis des connaissances et établi des relations qui leur confèrent une immense expertise dans le tri, la catégorisation et le groupement des déchets conformément aux exigences des industries du recyclage. Certains des individus les plus pauvres de la ville sont récupérateurs et vendent des déchets aux négociants pour gagner leur vie. La vision de la municipalité en matière de gestion des déchets solides n'inclut pas ces activités informelles et au fil du temps, les efforts de collecte de la municipalité sont susceptibles de compromettre la viabilité de ces activités bien que ces répercussions potentiellement néfastes ne soient pour le moment pas visibles.

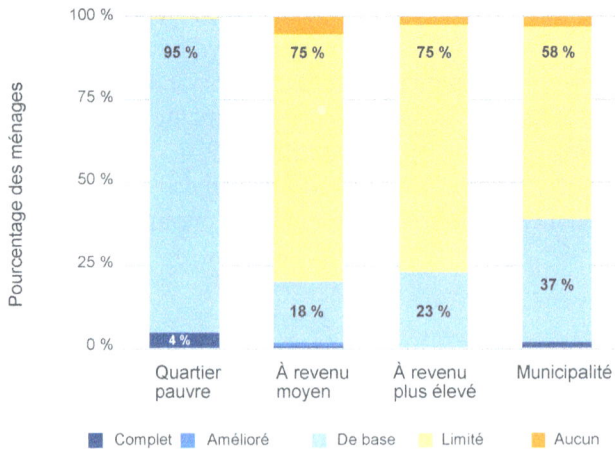

Figure 5.3 Échelle des services de gestion des déchets par catégorie sociale

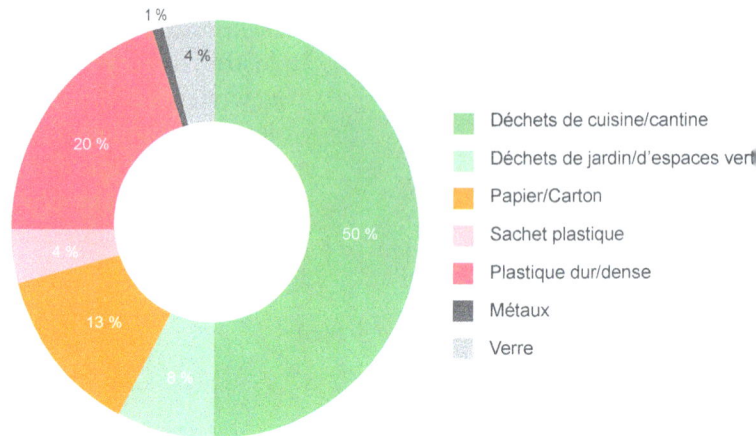

Figure 5.4 Composition des ordures ménagères (ensemble de la municipalité)

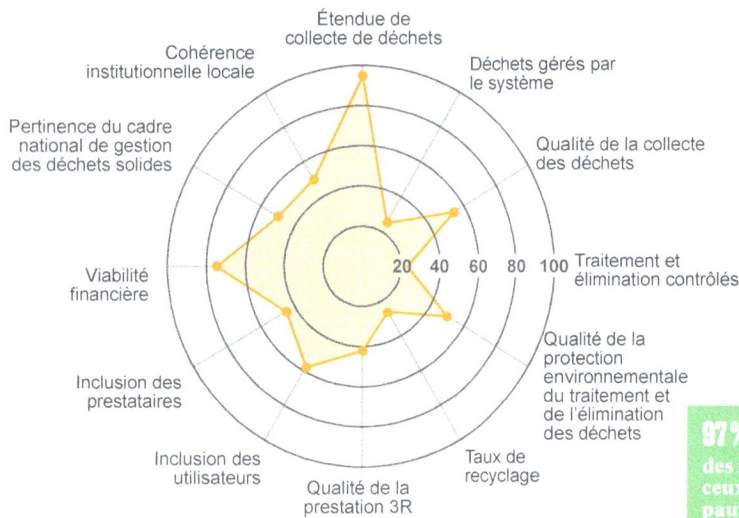

Légende Figure 5.4:
- Déchets de cuisine/cantine
- Déchets de jardin/d'espaces verts
- Papier/Carton
- Sachet plastique
- Plastique dur/dense
- Métaux
- Verre

Figure 5.6 Indicateurs WasteAware

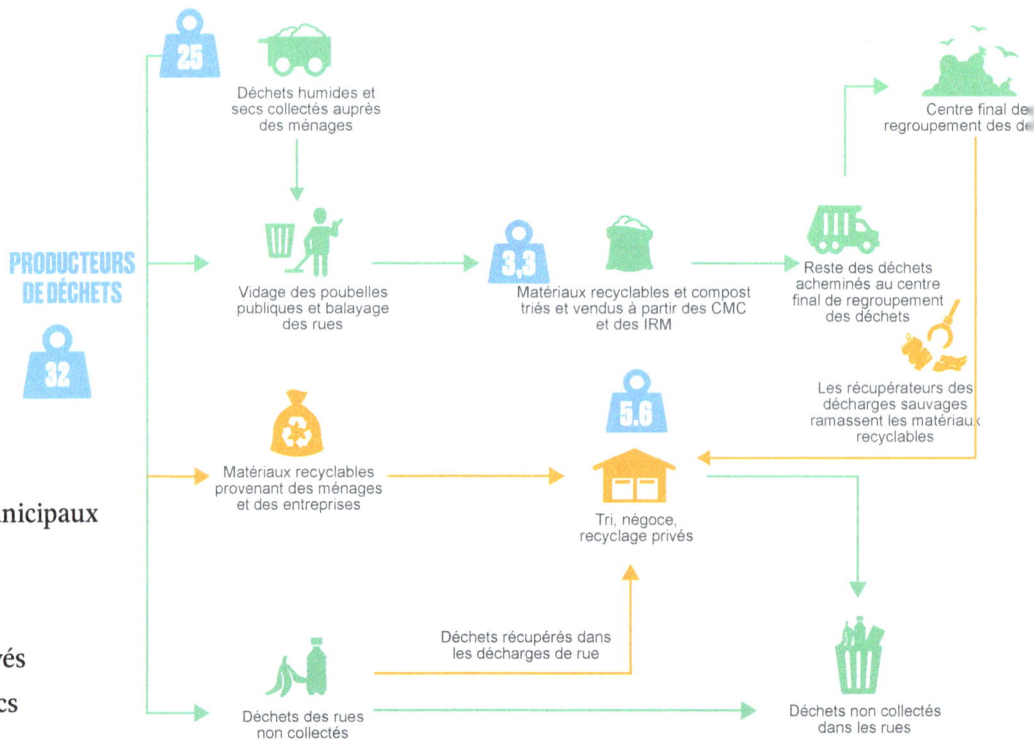

Figure 5.5 Poids moyen de déchets quotidiens par personne

| 0,24 KG | 0,30 KG | 0,43 KG | 0,33 KG |
| Quartiers pauvres | À revenu moyen | À revenu plus élevé | Moyenne pour l'ensemble de la ville |

97 % des ménages, y compris ceux des quartiers pauvres, sont collectés régulièrement et de manière fiable

ATTITUDES DÉPLORABLES envers l'abandon de détritus persistent malgré de récentes campagnes de sensibilisation

41% des déchets recyclages secs collectés et vendus par le secteur informel de gestion des déchets, et seulement 3 % par le biais des services municipaux

Figure 5.7 Flux de déchets municipaux

Légende:
- 🏋 Tonnes par jour
- 🟠 Prestataires de services privés
- 🟢 Services municipaux/publics

Bien que les taux de service suggèrent la collecte quotidienne de 25 tonnes de déchets, cette quantité ne correspond pas aux données sur les déchets réceptionnés par les CMC et les IRM. Nous ne sommes pas en mesure d'expliquer ce décalage.

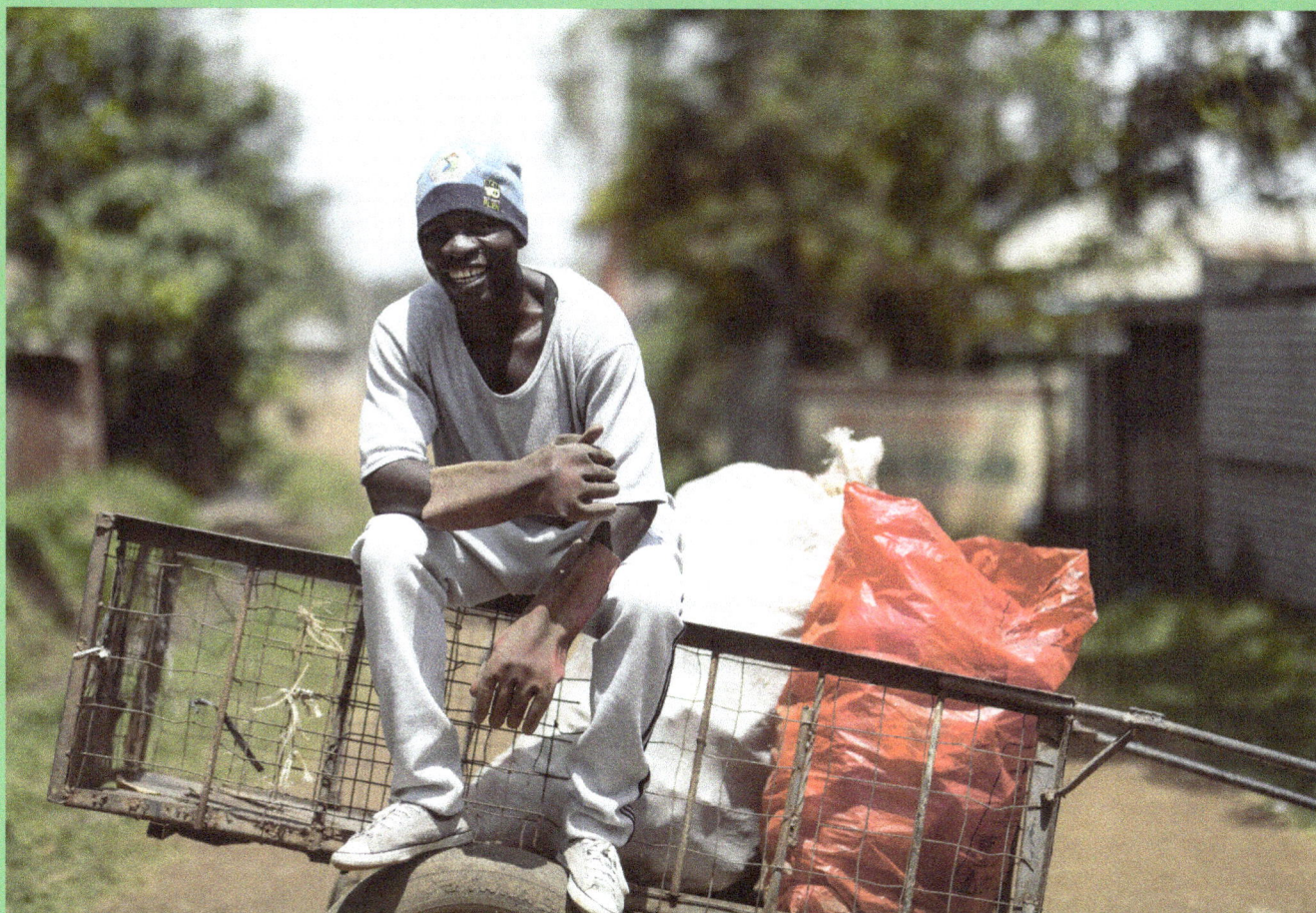

6 VILLE DE KISUMU AU KENYA

La population urbaine du Kenya est large et continue à croître : elle a augmenté de 2,3 millions (19 %) entre les recensements de 2009 et de 2019. Près de 14,8 millions de Kenyans (31 %) vivent en zone urbaine. Bien que la plupart d'entre eux vivent dans les principales villes (42 % à Nairobi, Mombasa et Nakuru), le nombre de villes ayant une population de 100 000 à 1 million d'habitants a augmenté pour passer de seulement quatre villes en 1999 à 22 en 2009[1]. La quantité de déchets solides produits continue par conséquent elle aussi à augmenter avec rapidité. Le gouvernement estime que d'ici 2030, le Kenya produira trois fois plus de déchets municipaux qu'en 2009 (MoEF, 2021).

Jusqu'à récemment, la Politique nationale sur l'environnement (2014) et la Stratégie de gestion des déchets (2015) orientaient les mesures de gestion des déchets municipaux. Ces politiques sont axées sur une réduction de la pollution et des risques relatifs aux déchets dangereux. Les orientations sur la minimisation et le recyclage des déchets sont minimes, et les déchets sont perçus comme un problème, non comme une ressource. Cependant, l'ébauche de la Politique nationale de gestion durable des déchets (MoEF, 2021) reconnaît ces lacunes et réoriente la priorité vers la minimisation des déchets et l'économie circulaire. Les politiques sur le changement climatique sont susceptibles de soutenir les efforts de gestion de déchets, car les engagements nationaux du Kenya dans le cadre de l'Accord de Paris comprenaient des mesures en vue de la mise en place de systèmes de gestion durable des déchets (MoENR, 2015). Selon un plan d'action NAMA pour Nairobi, on estime qu'une économie de 0,8 million t éq CO_2 est possible par an (MoENR, 2017).

Depuis 2010, la responsabilité de la gestion des déchets solides incombe au gouvernement des comtés dans le cadre du système décentralisé du Kenya. L'adaptation des changements de politique nationale à la législation et aux objectifs des comtés prend du temps.

Ville de Kisumu : contexte et structures de gestion des déchets

Kisumu est le troisième plus grand centre urbain du Kenya. La population du comté était de 1,16 million d'habitants en 2019 (KNBS, 2019). La ville fonctionne de manière semi-autonome sous l'autorité du gouvernement du comté. Elle compte 501 818 habitants[2]. Selon le recensement de 2019, la population urbaine de la ville de Kisumu était de 398 000 habitants, car les résidents de Kisumu, habitant dans les limites territoriales de la ville, ne vivent pas tous en zone urbaine. Cependant, nous utilisons les chiffres des arrondissements gouvernés par la ville lors de nos estimatifs. Nous avons effectué notre enquête dans quatre zones d'habitation contrastées : le complexe résidentiel de Tom Mboya (ménages à revenu moyen à élevé), Migosi (ménages à revenu moyen), et Manyatta B et Nyalenda A (ménages à faible revenu).

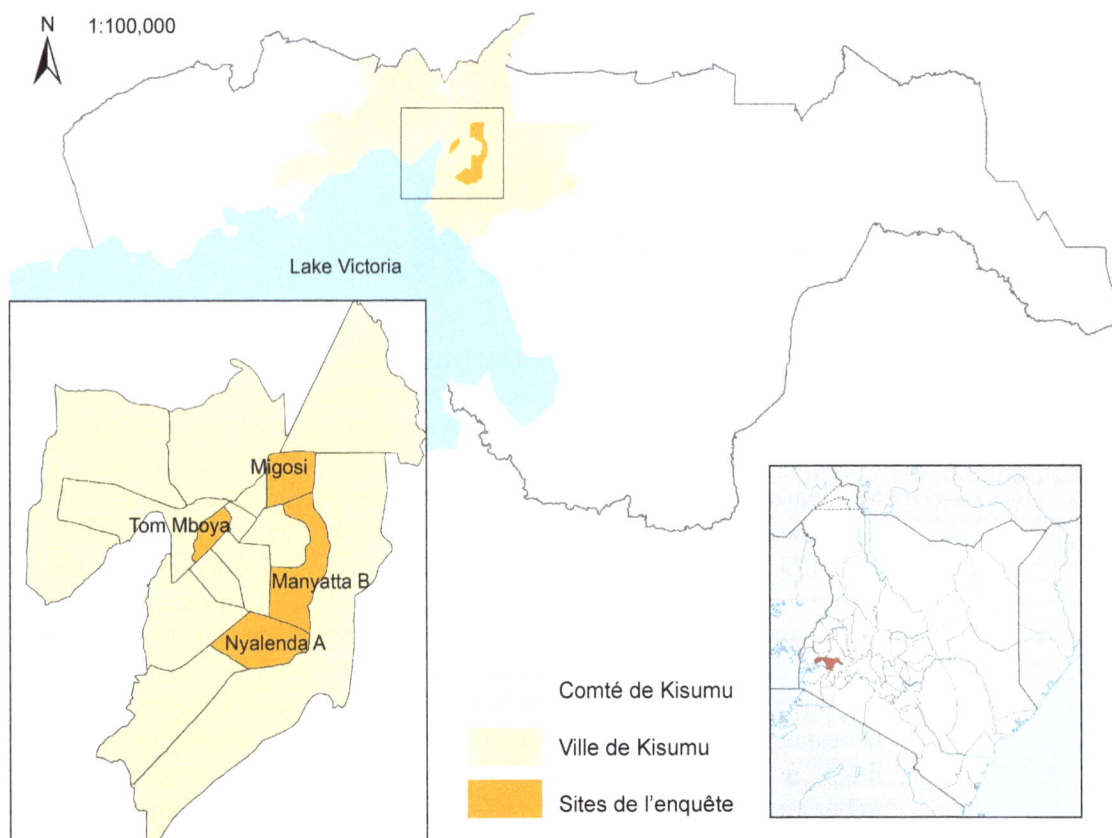

Figure 6.1 Comté de Kisumu, ville de Kisumu et sites de l'enquête

La ville sert de plateforme commerciale et de transport pour la partie occidentale du Kenya, une grande partie de la population du comté travaillant dans le commerce, la pêche et l'agriculture. Le gouvernement du comté estime que 60 % de la main-d'œuvre travaille dans le secteur informel (Kisumu County, 2018). Les niveaux de pauvreté sont élevés, 40 % de la population vivant sous le seuil national de pauvreté en 2016 (KNBS, 2017). Près de 60 % des habitants vivent dans des « zones d'habitation à faible revenu »[3] qui, pour la plupart, ont de hautes nappes phréatiques et sont inondées de manière saisonnière. Les scénarios climatiques prédisent des phénomènes plus extrêmes : plusieurs mois plus humides que la moyenne et d'autres plus secs (Bahadur et Dodman, 2021).

Le comté de Kisumu a adopté en 2015 sa propre loi sur la gestion des déchets solides et un Plan complet de gestion intégrée des déchets solides (KISWaMP) pour 2015 à 2025, actualisé en 2017 (Kisumu County, 2017). Ce plan a remplacé une stratégie précédente dont la mise en œuvre était médiocre (2010). Les deux premiers principaux domaines d'action de la stratégie sont la réduction des déchets, le recyclage et le compostage (au lieu de la collecte et du dépôt sauvage). La politique et la loi sur la gestion des déchets solides du Comté de Kisumu de 2020 soutiennent également cette stratégie.

Cependant, les ressources disponibles ne sont pas à la hauteur de cette ambition. Un directeur adjoint de l'environnement gère trois surintendants responsables du quartier central des affaires, des zones commerciales (gares routières et marchés) et des quartiers résidentiels. Ils disposent d'une équipe de quatre conducteurs, 15 chargeurs, 12 balayeurs et 166 membres intérimaires du personnel. Dans la plupart des quartiers résidentiels, la seule activité possible de gestion des déchets est le déblayage des déchets après les activités occasionnelles de nettoyage. Diverses entreprises privées (formelles et informelles) fournissent un accès sporadique à des services de collecte des ordures ménagères.

Le Département de l'environnement est également responsable de la décharge en plein air de Kachok située à moins de 2 km du quartier central des affaires et ouverte depuis 1975. Comme promis par le nouveau gouverneur du comté lors de sa campagne électorale, des efforts ont été entrepris pour démanteler le site en 2017 et transférer les déchets vers un autre site plus éloigné de la ville. Cependant, ce démantèlement a été interrompu et le dépôt de déchets à Kachok a repris en 2018 (Awuor et coll., 2019). Le niveau des contrôles environnementaux est très médiocre (note « faible » pour l'indicateur WasteAware 2E, cf. figure 6.7). Les déchets sont jetés et compactés sans qu'aucune donnée les concernant ne soit enregistrée. Auparavant, les utilisateurs payaient des droits d'entrée, mais ces droits ont été abolis lorsque des opérateurs privés se sont plaints de la qualité médiocre du service sur le site.

Diverses entreprises privées fournissent un accès sporadique à des services de collecte des ordures ménagères

Accès des ménages à des services de gestion des déchets

Seuls les quartiers résidentiels bénéficient de services municipaux de gestion des déchets qui se limitent au déblayage des détritus des espaces ouverts. La municipalité ne fournit aucun point formel de regroupement des déchets. L'accès aux services de gestion des ordures ménagères dépend par conséquent des entreprises privées (formelles et informelles) et de l'action communautaire. Notre échelle des déchets prend en considération quatre éléments clés de la prestation de services .

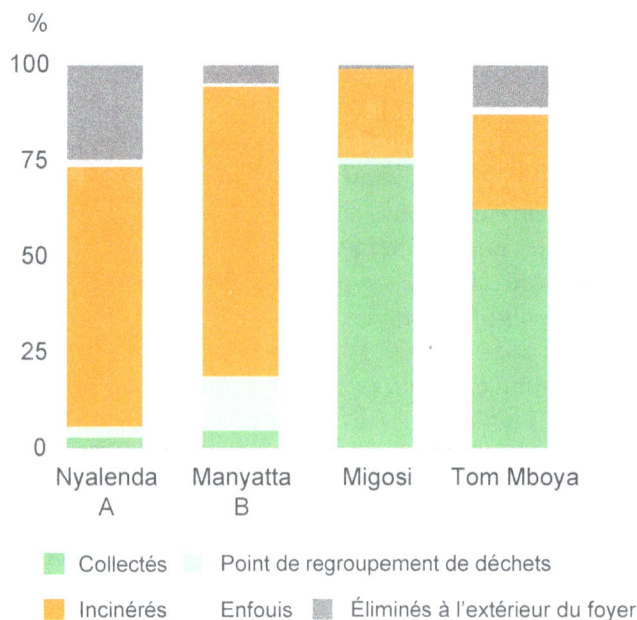

%

100

75

50

25

0

Nyalenda A   Manyatta B   Migosi   Tom Mboya

■ Collectés   ■ Point de regroupement de déchets
■ Incinérés   Enfouis   ■ Éliminés à l'extérieur du foyer

Figure 6.2 Comment les ménages de Kisumu gèrent la plupart de leurs déchets

1. *Accès* : dans les quartiers résidentiels, l'accès à un service de gestion des déchets dépend de la présence d'opérateurs privés dans la zone et de la capacité des ménages à payer leurs services. En pondérant nos résultats sur l'ensemble de la ville, nous avons conclu que 29 % des ménages utilisaient des services de collecte et 65 % n'avait accès à aucun service de gestion des déchets[4]. Dans les quartiers plus riches, les services sont fournis par des entreprises de gestion de complexes résidentiels. Les propriétaires jouent parfois un rôle dans les zones à faible revenu, par exemple en demandant à des opérateurs privés de déblayer les déchets d'un point communal de regroupement des déchets (auquel 14 % des ménages de Manyatta ont accès).

   Les ménages adoptent un certain nombre de stratégies pour gérer leurs déchets, les séparant en vue de leur élimination dans différents endroits selon s'ils sont inflammables, dangereux ou nauséabonds. Une grande partie des déchets est brûlée pour s'en débarrasser, et certains sont conservés pour aider à allumer les feux de cuisson. Le reste est jeté dans des terrains vagues (figure 6.2). Certains déchets sont jetés dans des toilettes sèches, en particulier à Nyalenda A (70 % des ménages) et à Manyatta B (63 %), en particulier les déchets de menstruation, les couches et les déchets médicaux. Les nettoyages de quartier sont relativement communs. Cependant, les tas de déchets qui en résultent ne sont parfois pas déblayés et donc les déchets s'éparpillent de nouveau en très peu de temps.

2. *Qualité* : la collecte des ordures ménagères a généralement lieu une fois par semaine et est fiable. 95 % des ménages qui y ont accès ont déclaré que les déchets sont collectés « la plupart du temps » ou « presque toujours » dans les délais prévus. Parmi ceux qui utilisent des points communaux de regroupement des déchets, seule près de la moitié étaient satisfaits de leur gestion, tandis que les autres affirmaient que les déchets étaient sales, mal gérés ou dangereux.

3. *Impact* : malgré le manque de services, la plupart des ménages ne pensaient pas forcément que « les répercussions de l'abandon sans aucune distinction des déchets dans notre quartier » étaient graves (seulement 50 % à Nyalenda A et 34 % à Manyatta B). Certains ont

65 % des ménages n'ont aucun accès à un service de gestion des déchets

À Nyalenda A, 70 % des ménages jettent leurs déchets dans des toilettes sèches

Dans l'ensemble de la ville, seuls 21 % des ménages séparent les déchets en vue de leur recyclage

affirmé qu'ils y étaient tout simplement « habitués » et que d'autres problèmes les préoccupaient beaucoup plus. Cependant, les répercussions étaient au moins « modérées » selon les trois quarts des résidents de tous les quartiers, hormis Tom Mboya (ménages à revenu plus élevé). Les répercussions étaient jugées de la même gravité par les hommes et les femmes.

4. *Séparation en vue du recyclage* : la séparation des déchets en vue de leur recyclage ou réutilisation est limitée. À l'échelle de la ville, seuls 21 % des ménages séparent les déchets en vue d'un recyclage. Seuls 7 % des ménages à Manyatta B et à Tom Mboya les séparent, et 30 % à Nyalenda A. Les variations semblent dépendre de la présence ou non de ramasseurs de matériaux recyclables en porte-à-porte dans le quartier. Le plastique est le plus couramment séparé, suivi du verre, du métal, du papier et du carton, puis des matières organiques.

L'échelle combinée des déchets (cf. figure 6.4 à la fin du chapitre) illustre les immenses inégalités de prestation de services de la ville, les ménages à faible revenu n'ayant que peu ou aucun accès à des services tandis que plus de la moitié des ménages à revenu moyen a au moins accès aux services minimaux, et ceux des quartiers plus riches ont accès à des services améliorés.

En ce qui concerne l'impact de la gestion médiocre des déchets, les trois principaux problèmes identifiés lors de notre enquête étaient les odeurs, les mouches et les moustiques. Les femmes de Nyalenda et de Manyatta ont également souligné le danger que les déchets représentaient pour les enfants. Les personnes interrogées ont mentionné l'obstruction des canalisations, mais moins fréquemment que d'autres problèmes. Les répercussions négatives des déchets sont plus prononcées à la saison des pluies.

Tous les groupes de discussion ont souligné le problème que constituait l'Auji qui traverse les zones d'habitation. la rivière sert de dépotoir aux habitants en amont et charrie leurs déchets à travers la ville. Les participants à l'enquête ont affirmé que la rivière transporte « tous les types de déchets imaginables... du plastique, des matières organiques, des serviettes hygiéniques, des excréments, des cadavres d'animaux, de bébés avortés, d'êtres humains... » La situation est « pathétique, catastrophique parce que parfois, les enfants se baignent dans la rivière et y pêchent, l'eau sert à laver... » Les populations qui vivent le long de la rivière « en pâtissent beaucoup... Les déchets de la rivière attirent les rongeurs, les mouches, les moustiques et ils sont nauséabonds. » Lorsque la rivière déborde, les déchets se répandent sur les terrains environnants et jusque dans les habitations[5]. C'est une zone particulièrement sensible, mais les cartes dessinées lors des groupes de discussion et l'analyse des zones sensibles effectuée par les enquêteurs ont révélé des problèmes liés aux déchets dans tous les quartiers, dans les terrains vagues, près des marchés et près des larges groupes d'habitations et de magasins. Les déchets y attirent les « mouches, les moustiques » et entraînent « de mauvaises odeurs » (figure 6.3).

La rivière est une zone particulièrement sensible, mais les problèmes liés aux déchets sont visibles dans tous les quartiers

Les responsabilités de gestion des déchets sont spécifiques au genre. Les participants aux groupes de discussion ont confirmé que ce sont généralement les femmes qui gèrent les déchets et paient pour les services de gestion des déchets. La gérante d'une parcelle a expliqué qu'elle avait dû déployer de gros efforts pour persuader les locataires de trier les déchets pour donner les restes de nourriture aux volailles, les matériaux recyclables aux récupérateurs de déchets et brûler le reste. « J'ai malgré tout encore du mal avec certains locataires qui ne respectent pas les règles... Il s'agit d'un effort collectif... »

L'incinération des déchets est l'une des stratégies d'adaptation à l'absence de services efficaces. Les résidents de Nyalenda ont expliqué qu'ils utilisaient une légère dépression du sol en guise de décharge et que les déchets y étaient incinérés. Cependant, ils ne brûlent pas bien pendant la saison des pluies, la zone se remplit d'eau et ils s'en échappent. Près d'un quart des résidents de Nyalenda et de Manyatta a affirmé avoir des difficultés à se débarrasser particulièrement de déchets tels que les serviettes hygiéniques (28 %) et les couches (25 %).

Figure 6.3 Répercussions négatives des déchets à Kisumu

Composition des ordures ménagères

Selon nos constatations, 61 % des ordures ménagères de la ville sont organiques. Malgré l'interdiction des sacs plastiques, 3 % des déchets sont du plastique en film mince et 4 % du plastique dur. De plus, 11 % des déchets (% du poids total) sont des couches et des serviettes hygiéniques, le pourcentage étant particulièrement élevé dans les quartiers à revenu moyen à plus élevé (figure 6.5) [6].Le directeur de la National Environment Management Authority (NEMA, en français : Autorité nationale de gestion de l'environnement) a fait remarquer qu'une grande partie de ceux collectés lors d'un nettoyage récent en bordure de lac étaient de ce type.

La pandémie de COVID-19 a entraîné certains changements dans la composition des déchets. Les deux tiers des entreprises de collecte ont affirmé que la quantité des déchets avait augmenté, et d'autres que celle des matériaux recyclables de valeur avait diminué suite à l'effondrement du secteur hôtelier à Kisumu.

Entreprises de gestion des déchets

**Environ
252 tonnes de
déchets sont
produites quo-
tidiennement à
Kisumu**

**Les deux tiers
des entreprises
de gestion des
déchets avaient
moins de 35 ans**

Les responsables municipaux de Kisumu affirment qu'au moins
700 personnes travaillent dans la gestion de déchets. Selon des estimatifs
prudents, 200 personnes travaillent dans des entreprises formelles privées et
300 de manière informelle, outre les 197 personnes employées par le comté.
Ensemble, ils contribuent à gérer les près de 252 tonnes de déchets produits
quotidiennement, chaque résident produisant en moyenne 0,39 kg de déchets
par jour (figure 6.6)[7].

Récemment, le secteur des déchets a attiré de nouveaux intervenants,
en particulier des ramasseurs. Des 21 prestataires interrogés, 12 d'entre eux
(57 %) travaillaient dans le secteur depuis trois ans ou moins. Huit d'entre eux,
en particulier les récupérateurs de déchets, y travaillaient depuis beaucoup
plus longtemps (10 ans ou plus). Quelle que soit leur ancienneté, ce sont
principalement des jeunes et des hommes qui travaillent dans ce secteur à
Kisumu. Les deux tiers des personnes interrogées avaient moins de 35 ans. La
plupart des rôles étaient occupés par des hommes. Seul le triage et certains
types d'activités de valeur ajoutée étaient plus équilibrés sur le plan du genre.

Le degré de formalité des activités variait. Un peu moins de la moitié des
prestataires étaient immatriculés et détenaient des licences commerciales,
et quatre d'entre eux détenaient des licences environnementales, que les
prestataires jugeaient d'un coût prohibitif. Les négociants de déchets, bien
qu'ils soient bien établis, étaient les moins susceptibles de détenir une
licence formelle. Les efforts de contrôle et de reconnaissance du comté et
du régulateur étaient axés sur les ramasseurs plutôt que sur les prestataires
du recyclage. Seuls six prestataires de services (28 %) avaient reçu une
formation. Trois (sur 21) étaient membres d'une association de gestion des
déchets, la Kisumu Waste Management Association ou KIWAN qui compte
27 organisations employant 85 personnes.

Encadré 6.1 Étude de cas :
Winnie Auma, récupératrice de déchets à Manyatta

Winnie a débuté son activité de récupératrice il y a cinq ans parce
qu'elle n'arrivait plus à joindre les deux bouts. Un ami lui a montré
quels étaient les matériaux de valeur. « Je n'avais pas besoin de capital
pour commencer. Je pouvais simplement arpenter les rues et récupérer
les matériaux recyclables jetés par terre et abandonnés après des
manifestations festives... puis j'ai commencé à faire du porte-à-
porte... J'ai été victime de discrimination en tant que femme dans ce
secteur... », dit-elle. Elle ne peut pas commencer aussi tôt que d'autres
parce qu'elle est mariée, qu'elle a des enfants et qu'elle est responsable
de son foyer dont elle doit s'occuper avant de travailler. Il lui arrive
souvent de se couper ou de se blesser autrement, mais elle évite de
dépenser de l'argent en soins médicaux. Dans l'ensemble, « j'ai bien
avancé dans la vie depuis que j'ai commencé cette activité. »

Récupérateurs de déchets ou « charognards »

Environ 70 récupérateurs de déchets ou « charognards » travaillent dans
la décharge de Kachok et un plus grand nombre d'entre eux dans les
quartiers résidentiels. Ils sélectionnent les types de déchets qui ont le plus
de valeur (métaux, plastique et papier) et les vendent aux négociants. Les

activités de récupération de déchets à Kisumu existent depuis longtemps (Encadré 6.2). Certains s'y sont mis plus récemment : « avant, les gens avaient peur de récupérer les déchets, mais de nombreuses personnes se sont maintenant mises à travailler dans le secteur », ce qui intensifie la concurrence. Certains ont également commenté que l'accès aux déchets de valeur avait diminué, car de plus en plus de négociants les récupèrent directement séparés auprès des ménages et des entreprises, évinçant ainsi les récupérateurs.

La décharge de Kachok a suscité une vive attention sur le plan politique et a également fait l'objet de recherches. Un responsable de récupérateurs a déclaré : « quand les gens viennent ici avec des caméras, les gars ne veulent pas leur parler... parce qu'ils sont beaucoup à être venus et à leur avoir fait de vaines promesses. Ils nous utilisent comme tremplin de leur propre succès. »

Les récupérateurs se mettent d'accord sur qui récupère tel ou tel type de déchets et qui a la priorité d'accès aux différents camions. Ils contrôlent les autorisations de récupérer des déchets à la décharge.

**Encadré 6.2 Étude de cas :
Jackson Omondi Okuro, récupérateur de déchets et
responsable à la décharge de Kachok**

Jackson a commencé enfant à récupérer des déchets après avoir abandonné l'école en 3ᵉ année d'école primaire en 2012. « Je voyais comment [mon père] réussissait à prendre soin de la famille grâce aux revenus qu'il obtenait ici. » Il a commencé en partie pour éviter de tomber dans la criminalité. Identifier rapidement les matériaux de valeur demande de l'habileté. « Il m'est arrivé de trouver d'autres boulots ici et là, mais je finis par revenir ici parce que cela paie mieux. »

« Pour travailler ici, il faut être *roho juu* (courageux) et être prêt à se faire traiter de tous les noms. Parfois, des criminels viennent ici avec des biens volés, et tout le monde se retrouve impliqué lorsque les forces de l'ordre débarquent. »

Lors de notre enquête, les sentiments envers les récupérateurs de déchets étaient ambivalents. Sur l'ensemble de la ville, environ la moitié des ménages (55 %) a déclaré « Je n'ai pas d'opinion. Ils essaient juste de gagner leur vie. » Un peu plus qu'un quart (27 %) a déclaré qu'ils font du bon travail (particulièrement à Migosi et à Nyalenda). En revanche, à Tom Mboya, quartier plus riche, la moitié des ménages (51 %) considère que les récupérateurs de déchets ne causent que des désagréments.

Ramasseurs de déchets

La collecte des déchets a prospéré depuis que le gouvernement du comté a autorisé les services privés de collecte d'ordures ménagères. 53 tonnes de déchets quotidiens sont collectées auprès des ménages. La plupart des entreprises de collecte sont de petite échelle, desservant entre 20 et 50 ménages. Elles essaient souvent d'équilibrer leur clientèle, entre ménages à faible revenu et à revenu plus élevé. Ainsi, Libeto Youth Group dessert 10 clients à Milimani, un quartier huppé, et 40 à Nyalenda. Ayant du mal à se faire payer de leurs clients, trois entreprises sur cinq ne pouvaient développer leur activité. À Nyalenda, Libeto a autorisé deux ménages à partager un sac de collecte de déchets, ce qui a permis à ces ménages de diviser le coût par deux.

53 tonnes de déchets quotidiens sont collectées auprès des ménages

Ces entreprises n'exigent pas des ménages qu'ils séparent leurs déchets. Elles récupèrent les déchets de valeur plus tard pour les vendre aux négociants. Elles amènent le reste à un dépotoir local ou à Kachok en fonction de la distance.

Négociants de déchets

Certaines entreprises de négoce de déchets à Kisumu sont florissantes : elles regroupent les matériaux recyclables et les vendent aux transformateurs, principalement à Nairobi. Elles achètent généralement les déchets auprès de récupérateurs et collectent ceux qui sont séparés directement auprès des ménages et des entreprises. Le secteur est en expansion. Les négociants ont déclaré que leur activité grandissait et quatre sur cinq d'entre eux avaient démarré leur activité il y a trois ans ou plus récemment. Ils emploient tous du personnel, certains jusqu'à cinq personnes et d'autres plus de 20.

Tous regroupent les métaux et quatre d'entre eux achètent également le plastique. Ils ont tous de multiples acheteurs fiables. L'une des entreprises plus établies achetait environ 2 tonnes de déchets par jour. Sept de ces entreprises sont membres de KIWAN et traitent probablement près de 14 tonnes par jour. L'activité peut être difficile parce que les prix fluctuent et le flux de trésorerie peut constituer un problème. Elles ont besoin d'opportunités pour investir dans un espace de stockage supplémentaire et dans l'équipement de recyclage.

Balayeurs travaillant pour le gouvernement et le secteur privé

Le Département municipal de l'environnement emploie du personnel qui a pour rôle principal le balayage des rues et le ramassage des déchets aux points désignés de regroupement dans les espaces publics. Les entreprises privées balaient les rues des complexes résidentiels à moyen revenu et à revenu plus élevé. Elles transportent les déchets jusqu'aux sites locaux (1 à 2 km) où la plupart sont brûlés et certains matériaux de valeur sont vendus aux négociants.

Conditions de travail, harcèlement et discrimination

Les agents de propreté endurent tous des conditions de travail dangereuses. Les récupérateurs et les ramasseurs sont exposés aux risques les plus élevés. Cinq négociants sur six utilisaient un EPI contre aucun parmi les récupérateurs individuels de déchets. Lors des groupes de discussion et des enquêtes, les participants ont affirmé que les blessures et les maladies étaient les risques les plus graves. Au moins la moitié des récupérateurs, des négociants et des ramasseurs a également mentionné le manque d'accès à de l'eau, à des toilettes ou à des installations de lavage des mains au travail. Le manque d'ombre rend également les conditions de travail difficiles.

Les deux tiers des agents de propreté, et plus particulièrement les récupérateurs de déchets (cinq sur six) ont affirmé être victimes de harcèlement sur leur lieu de travail de la part de la communauté locale, la police, des membres de la famille et parfois même du régulateur (NEMA). Travailler comme récupérateur de déchets peut rendre difficile l'accès à d'autres emplois parce qu'on vous assimile à un gangster ou un voleur. Les travailleurs sont malgré tout fiers de leur contribution : « il s'agit d'une manière décente de gagner sa vie » qui aide également l'environnement.

Action communautaire bénévole des organisations communautaires, des ONG et des associations de quartier

Le gouvernement du comté déblaie occasionnellement les déchets des terrains vagues dans les quartiers résidentiels. De plus, à Nyalenda A et Manyatta B, les résidents ont mentionné l'initiative *Kazi kwa Vijana* (« travail pour les jeunes ») ou *Kazi Mtaani* liée à la COVID qui déblaient les déchets, parfois quotidiennement ou de manière hebdomadaire. Ces initiatives fournissent un emploi temporaire et une formation aux jeunes dans des activités à forte intensité de main-d'œuvre. Les déchets déblayés ne sont parfois pas amenés à la décharge, ce qui crée plus de problèmes. Cependant, les résidents ont une perception positive de ces initiatives : « Si *Kazi Mtaani* peut se poursuivre, mon quartier sera toujours propre et sûr, donc je veux que ce soit permanent et cela crée des emplois pour les jeunes ». Dans l'ensemble, la sensibilisation au rejet de détritus était bonne, 90 % affirmant : « C'est un réel problème. Nous devrions tous nous sentir responsables ».

Gouvernance et règlements

Les indicateurs WasteAware fournissent un aperçu des résultats de performance de la ville (figure 6.7). La responsabilité des services de gestion des déchets des quartiers résidentiels de Kisumu incombe au secteur privé. Des entreprises engagées et actives de collecte font une grande différence en matière de ramassage et de recyclage, à la fois dans les quartiers à faible revenu et dans les quartiers plus aisés. Cependant, la municipalité n'a presque aucune relation avec ces entreprises. KIWAN est désireux de s'impliquer et a beaucoup à offrir. De la même manière, la capacité d'implication effective avec les utilisateurs est limitée. La note de la ville pour l'inclusion des prestataires est « faible à moyenne » et celle pour l'inclusion des utilisateurs est « faible ».

Nous avons remarqué que les politiques et stratégies actuelles mettaient désormais l'accent sur une promotion plus active de la réduction et du recyclage des déchets plutôt que sur la règlementation des ramasseurs. Cependant, la capacité municipale de mise en œuvre de ces stratégies ou de garantie d'une prestation équitable de services est très limitée (tel que le mentionne la stratégie de KISWaMP). Les effectifs et le nombre de véhicules fonctionnels sont réduits : trois camions de deux tonnes, six tracteurs, 12 remorques, un chargeur à benne (en panne) et un pick-up. Aucun d'entre eux n'est conçu spécifiquement pour transporter des déchets, mais ils sont relativement faciles à entretenir. L'allocation financière de 100 millions de KSh destinée à couvrir les coûts récurrents annuels de fonctionnement des camions et de salaires des travailleurs n'est pas adaptée aux besoins. La ville a obtenu une note « faible à moyenne » pour la cohérence locale institutionnelle (6L) et la viabilité financière (5F).

La capacité municipale de mise en œuvre des stratégies de réduction et de recyclage des déchets est très limitée

Conclusion

Le système de gestion des déchets laisse encore beaucoup à désirer. L'accès aux services dépend de la présence d'un prestataire dans le voisinage et de la volonté des ménages de payer ses services. La médiocrité de ce système a de graves répercussions sur l'environnement, et par conséquent sur la santé et les risques d'inondation. Les capacités (leadership, équipements, effectifs et budgets) du Département municipal de l'environnement est extrêmement limitée comparée à l'ampleur de la tâche.

Le système de gestion des déchets de Kisumu comporte des éléments positifs qui, s'ils sont bien maîtrisés, pourraient servir de base à d'importantes améliorations. Les politiques et stratégies récentes mettent l'accent sur la minimisation des déchets et le recyclage. Les opérateurs privés dynamiques et en pleine croissance, qu'ils soient formels ou informels, possèdent une expertise qui peut être exploitée. Le travail de *Kazi Mtaani* a été généralement apprécié.

L'attention politique à Kisumu est centrée sur la décharge de Kachok. Les responsables de la ville espèrent qu'une proposition de décharge à 25 km constitue la clé pour résoudre la crise des déchets. Cependant, l'éloignement entraîne des coûts et des délais supplémentaires alors que les budgets opérationnels sont déjà limités. Afin d'utiliser au mieux une nouvelle décharge, le système de gestion lui-même a besoin d'être réorienté pour que seuls les déchets résiduels et non recyclables y soient acheminés. À cette fin, il faudrait mettre bien plus d'accent sur la séparation à la source, sur une coopération totale avec les récupérateurs, les ramasseurs et les négociants existants, et sur de nouvelles initiatives de promotion de la couverture générale de la ville par les services de collecte.

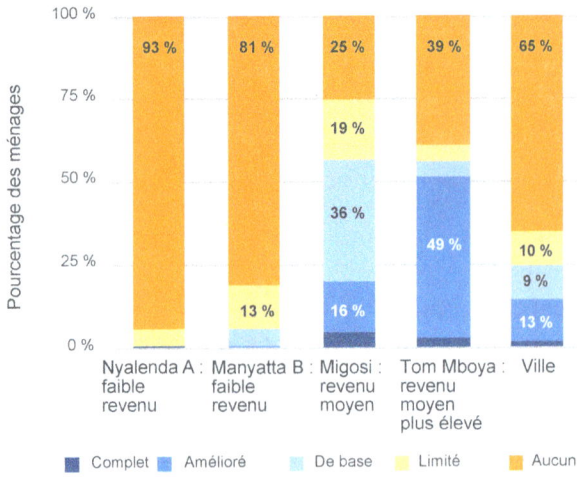

Figure 6.4 Échelle des services de gestion des déchets par catégorie sociale

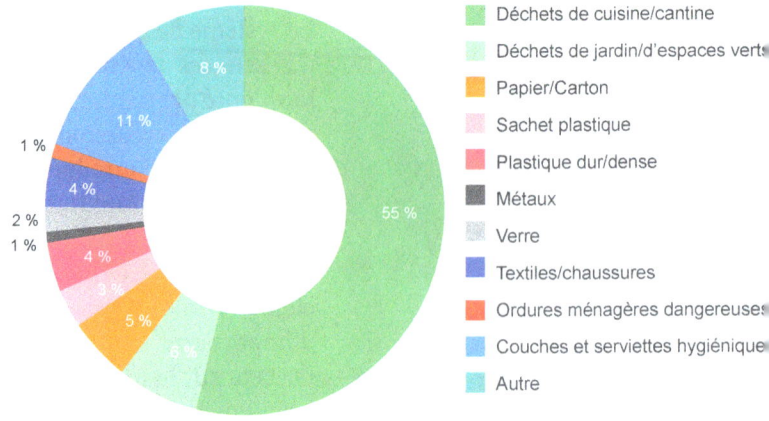

Figure 6.5 Composition des ordures ménagères (ensemble de la municipalité)

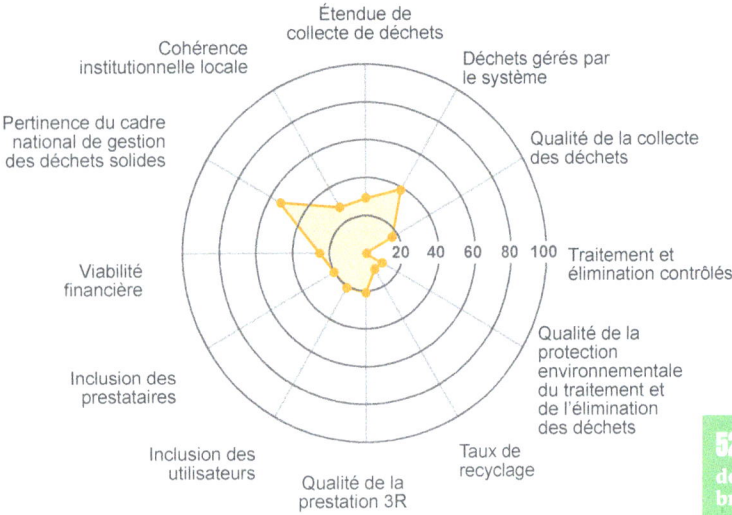

Figure 6.7 Indicateurs WasteAware

Figure 6.6 Poids moyen de déchets quotidiens par personne

52 % des ménages de la ville brûlent leurs déchets pour s'en débarrasser

66 % des ménages à faible revenu jettent leurs déchets dans des toilettes sèches

LES DEUX TIERS des prestataires de services ont moins de 35 ans, et 57 % sont impliqués dans le secteur depuis 3 ans ou plus récemment

Figure 6.8 Flux de déchets municipaux

Légende:
- 🏋 Tonnes par jour
- 🟠 Prestataires de services privés
- 🟢 Services municipaux/publics

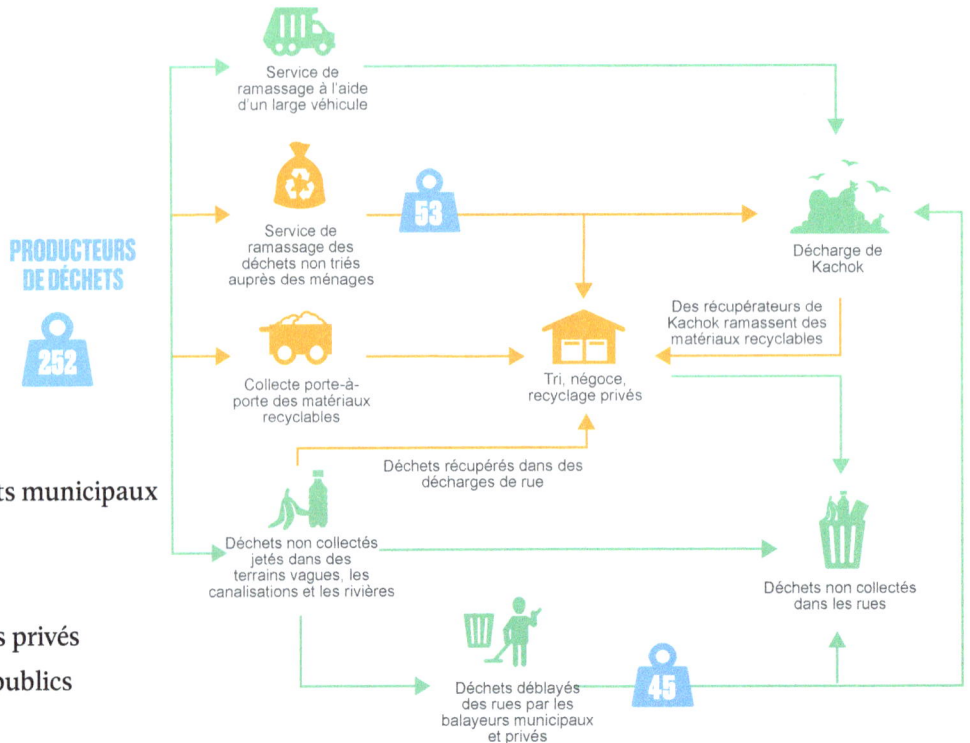

7 DAKAR AU SÉNÉGAL

Le Sénégal est le pays le plus occidental d'Afrique continentale. Sa population est d'environ 16 millions d'habitants. La majorité d'entre eux habite sur la côte et travaille dans l'agriculture ou d'autres industries alimentaires. Compte tenu de la croissance rapide de la population urbaine (3,7 % en 2019 ; cf. Banque mondiale/World Bank, 2018a), la gestion des déchets solides constitue un défi clé au Sénégal et une sérieuse menace sanitaire et environnementale, en particulier parce que 30 % de la population urbaine vivent dans des quartiers pauvres (Banque mondiale, 2018b). Étant donné sa localisation côtière, le Sénégal contribue largement à la pollution marine liée aux déchets : il occupe le 21ᵉ rang mondial, juste derrière les États-Unis (Jambeck et coll., 2015). La production nationale de déchets solides devrait plus que tripler d'ici 2050 en comparaison avec celle de 2016 (Kaza et coll., 2018 : 207).

La crise de la gestion des déchets a suscité une attention politique accrue au cours des dernières années. Le Sénégal a mis en place un programme national de gestion des déchets solides définissant des objectifs de performance et de résultats. Le ministère des Collectivités locales a créé en 2015 une Unité de coordination de la gestion des déchets solides (UCG) afin de remédier à la fragmentation des responsabilités. L'UGC a également pris en charge la gestion des déchets de Dakar et a autorisé de petites entités privées locales à fournir des services de collecte, ce qui a transformé le service à Dakar : depuis lors, le ramassage des ordures et le balayage des rues sont quotidiens (Kaza et coll., 2018). Un programme « zéro déchet » axé sur les déchets plastiques a été lancé en 2019 après une interdiction nationale de l'utilisation du plastique en 2016 qui n'avait pas été très réussie. En mars 2020, la Banque mondiale a également approuvé un crédit de 125 millions de dollars américains pour accompagner les efforts du Sénégal en vue de l'amélioration de la gestion des déchets. Cette dernière constitue également un aspect central du « Plan Sénégal Émergent », une feuille de route nationale de croissance verte visant à atteindre les ODD et les engagements pris lors de l'Accord de Paris.

Dakar : contexte et gestion des déchets

Dakar est la capitale économique et politique du Sénégal. Environ un quart de la population du pays (estimée à 3 835 019 habitants en 2020 ; cf. MEFP/ANSD, 2015) et 13 % de la population pauvre (ANSD, 2016) habitent dans la région de Dakar, et 55 % du PIB du pays (Banque mondiale/World Bank, 2017) y sont produits. La ville de Dakar (population estimée à 2 470 000 habitants en 2020) est située sur une péninsule étroite hautement urbanisée. Elle attire la plupart des activités industrielles, commerciales et financières du pays, et dispose d'un large port de commerce international. La population est principalement jeune. Les communautés à revenu moyen à plus élevé vivent dans le *département* de Dakar tandis que celles à revenu plus faible ont tendance à vivre en dehors de la péninsule dans les *départements* de Pikine et de Rufisque.

Figure 7.1 Carte de la région de Dakar montrant les quatre quartiers sélectionnés pour l'étude

Source : adaptée de NordNordWest, https://creativecommons.org/licenses/by-sa/4.0/deed.en

2 300 à 2 600 tonnes de déchets sont produites quotidiennement à Dakar

Les volumes croissants de déchets municipaux dépassent la capacité de gestion des collectivités : entre 2 300 et 2 600 tonnes sont produites quotidiennement dans le seul département de Dakar et chaque habitant produit 0,58 kg de déchets solides par jour[1]. Au total, 750 000 tonnes sont produites par an. Les déchets non collectés entraînent l'obstruction des canaux d'évacuation des eaux pluviales (particulièrement près des marchés) et des inondations, ainsi que des émissions de gaz toxiques et la présence de vermine. La politique qui, pendant des décennies, consistait à tout envoyer à la décharge a également engendré des quantités sans cesse grandissantes de déchets non recyclés.

Le site de dépôt sauvage de Mbeubeuss a été créé en 1968 et couvre aujourd'hui une zone de 114 hectares. Selon les estimatifs, 1 300 tonnes d'ordures y sont acheminées tous les jours. Près de 2 000 récupérateurs y travaillent, ramassant des matériaux en vue de leur recyclage (Ehui, 2020). Cependant, la décharge représente une source énorme de pollution environnementale.

Dans le cadre de cette analyse comparative, nous avons sélectionné quatre zones d'habitation contrastées de la région de Dakar : Point E dans la ville de Dakar (revenu moyen supérieur), Cité Lobatt Fall (revenu moyen), et Pikine et Malika (faible revenu) à Pikine (figure 7.1)[2].

Accès des ménages à des services de gestion des déchets

Les ménages sont satisfaits de la collecte des ordures ménagères, mais l'élimination sans aucune distinction demeure un gros problème

Différents opérateurs fournissent des services de collecte d'ordures aux ménages de la ville. Dans les quartiers à revenu plus élevé dont les rues sont plus faciles d'accès, ce sont les camions de l'UCG qui effectuent le ramassage. Dans d'autres quartiers, ce sont des prestataires de services privés. Les ménages déposent les déchets devant leur domicile à l'horaire convenu pour le ramassage. Dans la plupart des cas, les ménages amènent leurs déchets à des points de regroupement à partir desquels l'UCG ou d'autres opérateurs licenciés les acheminent en vrac à Mbeubeuss. L'acheminement vers la décharge n'a pas toujours lieu, ce qui entraîne la création de « nombreux sites de dépôt sauvage » au sein ou à proximité des quartiers (Mberu et coll., 2018). Par conséquent, bien que les ménages soient très satisfaits de la collecte des déchets, leur élimination sans distinction demeure un gros problème. On estime qu'entre 30 % (WIEGO, 2020) et 50 % (Ehui, 2020) des déchets produits sont ramassés et acheminés à la décharge. Notre échelle des déchets prend en considération quatre éléments clés de la prestation de services :

Figure 7.2 Élimination sans distinction des déchets à Dakar

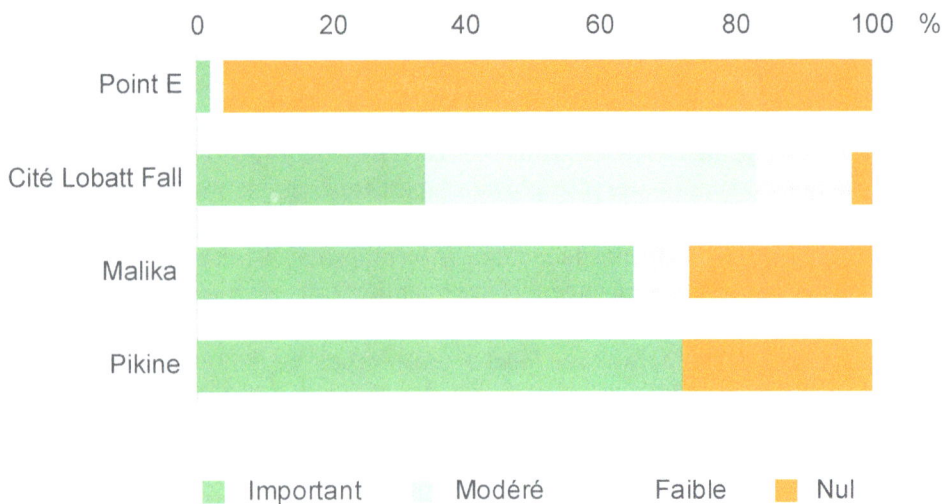

Figure 7.3 Perception de l'impact de l'élimination des déchets solides dans le voisinage

1. *Accès* : l'accès à un type de service (que ce soit le ramassage ou un point de regroupement) était presque universel (99 %). Ce pourcentage soutient largement la comparaison avec les autres villes d'Afrique subsaharienne[3]. Les résidents de Malika, de Point E et un quart de ceux de la Cité Lobatt Fall bénéficiaient d'un service de ramassage à domicile (36 % sur l'ensemble de la ville). À Malika, les ramasseurs informels utilisaient des charrettes à traction animale qui peuvent circuler dans les quartiers sableux et informels. À Pikine et dans les trois quarts de la Cité Lobatt Fall, les résidents amènent les déchets à un point convenu de regroupement (63 % sur l'ensemble de la ville).

2. *Qualité* : les services de collecte des ordures ménagères avaient lieu tous les jours dans les quartiers plus aisés de Point E et de la Cité Lobatt Fall. À Malika, ils avaient également lieu tous les jours (44 %) ou deux à trois fois par semaine (56 %) et les résidents payaient une redevance négociée de 1 000 à 1 500 CFA (soit 1,50 à 3 EUR) par mois. La redevance pouvait atteindre 5 000 CFA à la Cité Lobatt Fall tandis que les résidents de Point E payaient une taxe communale de 10 000 CFA (ou 15 EUR) maximum. Selon les ménages, les services de collecte étaient fiables, 98 % d'entre eux ayant déclaré que les horaires étaient respectés « la plupart du temps » ou « presque toujours ». Les ménages de Malika ont déclaré que les prestataires informels de leur quartier étaient un peu moins fiables que les autorités locales. Quel que soit l'endroit ou le prestataire, 96 % des ménages étaient satisfaits du service de collecte.

    Les déchets des points de regroupement sont déblayés quotidiennement. La majorité des ménages (90 %) ont affirmé que ces points de regroupement étaient propres, bien gérés et que les déchets y étaient maîtrisés bien que certains se soient plaints de leur accumulation où les camions se garent habituellement. Les points ne sont pas pratiques à utiliser pour les résidents de Pikine et 45 % des utilisateurs de la Cité Lobatt Fall, car ils sont situés à plus de 200 mètres de chez eux. Les résidents ont déclaré : « nous déplorons la distance du point de regroupement par rapport à [notre] domicile. »

    Dans le secteur des déchets, la répartition par sexe est inégale. Les participants aux groupes de discussion ont confirmé que « les femmes ont tendance à assumer la responsabilité de l'élimination des déchets

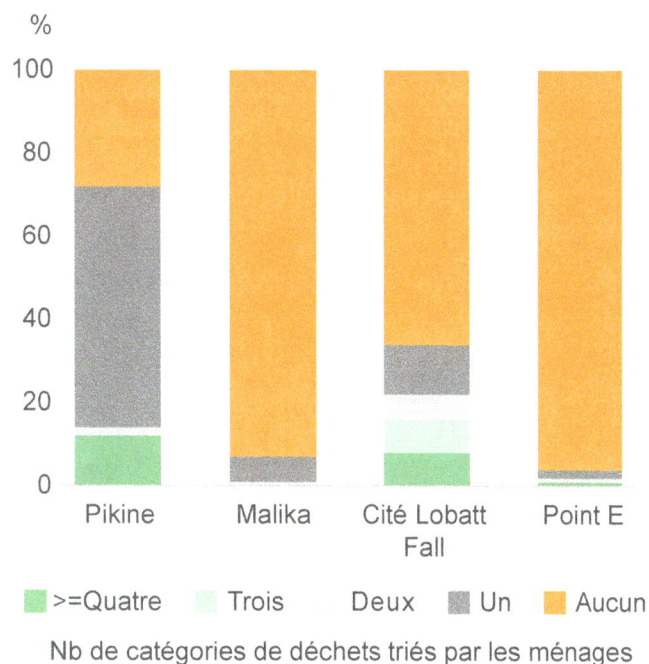

%

100

80

60

40

20

0

Pikine Malika Cité Lobatt Fall Point E

■ >=Quatre ■ Trois ■ Deux ■ Un ■ Aucun

Nb de catégories de déchets triés par les ménages

Figure 7.4 Proportion des ménages séparant leurs déchets

des ménages. » Celles-ci ont affirmé être également responsables du paiement de la redevance pour le ramassage, le cas échéant.

3. *Impact* : malgré les services de collecte et les points de regroupement, l'élimination sans distinction a, selon les résidents, un impact « important » sur le voisinage, en particulier les quartiers à faible revenu (figure 7.3). En revanche, seuls 34 % des résidents de la Cité Lobatt Fall pensaient que cet impact était « important ». À Point E, 96 % ont affirmé qu'il n'y avait « aucun impact ».

4. *Séparation en vue du recyclage* : les ramasseurs n'exigent pas des ménages qu'ils trient leurs déchets. Cependant, des ramasseurs spécialisés rendent également visite aux ménages. Ils proposent de petites sommes pour les matériaux de valeur ou fournissent simplement leur service gratuitement. Les services complets de collecte semblent éliminer ces opportunités : à Point E, seuls 4 % des ménages séparent les déchets. En revanche, à Pikine où les ménages doivent amener leurs déchets à un point de regroupement distant, 72 % d'entre eux séparent au moins un type de déchets. C'est également le cas d'un tiers des ménages (34 %) de la Cité Lobatt Fall. La plupart ne séparent qu'un type de déchets, le plus souvent les déchets organiques, ou sinon les métaux et le verre.

Sur l'ensemble de la ville, les inégalités de service de gestion des déchets sont gigantesques

L'échelle combinée des déchets (figure 7.6) illustre les inégalités gigantesques de prestation de services sur l'ensemble de la ville. Point E, qui est un quartier plus riche, bénéficie d'un service « amélioré » presque universel. Il n'est pas « complet » à cause du manque de séparation en vue du recyclage. Dans d'autres quartiers, une grande proportion de ménages n'a encore accès qu'à un niveau « limité » de service à cause de l'impact négatif persistent des déchets sur le voisinage.

La cartographie des zones sensibles a permis d'identifier des exemples de dépôts illégaux dans des parcelles inoccupées, des espaces ouverts et le long des routes, et ce malgré le fait que 88 % des personnes interrogées aient affirmé que jeter les détritus dans la rue « est un réel problème : nous devrions tous nous sentir responsables de la propreté du voisinage. » Les participants aux groupes de discussion de Pikine ont décrit comment les ramasseurs utilisent des charrettes à traction animale pour déblayer régulièrement les déchets des parcelles inoccupées du voisinage. Parfois, ils sont brûlés pour s'en débarrasser. Les ménages sont encore directement responsables d'une partie du dépôt sauvage. Selon les personnes enquêtées, les activités entraînant « les plus gros problèmes de gestion des déchets solides » sont, outre la production d'ordures ménagères, les marchés locaux, les arrêts de transport public et les écoles.

Tableau 7.1 Types de déchets séparés par les ménages qui trient leurs déchets

Type de déchet	Ménages séparant leurs déchets	
	Nb (sur 117)	%
Matières organiques	98	83,8
Métaux	36	30,8
Verre	30	25,6
Plastique	28	23,9
Papier/Carton	17	14,5
Textiles	9	7,7

Ces déchets ont pour conséquence, entre autres, l'obstruction des canalisations, la présence de vermine (mouches, moustiques, rongeurs etc.) et de mauvaises odeurs. Les résidents des quartiers à faible revenu ont signalé que les déchets solides constituaient un problème « majeur » (85 % à Malika) ou un « problème secondaire » (63 % à Pikine) comparé à tous les problèmes auxquels les résidents sont confrontés. Le quartier de Malika est particulièrement touché par le problème parce qu'il est situé à seulement 3 km de la décharge de Mbeubeuss. Le lixiviat s'échappe de la décharge et se répand dans un lac, contaminant les potagers avoisinants. L'incinération à l'air libre (y compris de matières plastiques et de déchets d'équipements électriques et électroniques) pratiquée à la décharge est particulièrement dangereuse pour les enfants et les femmes vivant ou travaillant dans le voisinage à cause des niveaux élevés de fumées toxiques, d'exposition cutanée, et de contamination de l'eau et des aliments.

Composition des déchets

Une étude complète de quantification et de composition des déchets a eu lieu en 2014 dans l'ensemble de la région de Dakar (figure 7.7)[4]. Elle a conclu que 30 % des déchets (au poids) consistent en de « fines particules » : sable et petits cailloux. Ces matériaux alourdissent les déchets devant être ramassés et transportés. 24 % sont des matières organiques. Une large proportion du flux de déchets est également composée de matériaux « complexes » (sachets plastiques et emballages multicouches de style Tetra Pak, 19 %) et de plastique (à la fois dur et fin, 9 %).

Entreprises de gestion des déchets

Les services de traitement des déchets sont fournis à la fois par les autorités locales et des opérateurs privés. L'UCG fournit un soutien technique et financier, octroie des licences aux prestataires privés, et à Dakar, elle fournit des services de ramassage d'ordures ménagères, ainsi que le transport

Le lixiviat s'échappe de la décharge et se répand dans un lac, contaminant les potagers avoisinants

19 % des déchets sont des matériaux complexes, tels que les sachets plastiques et les briques de style Tetra Pak

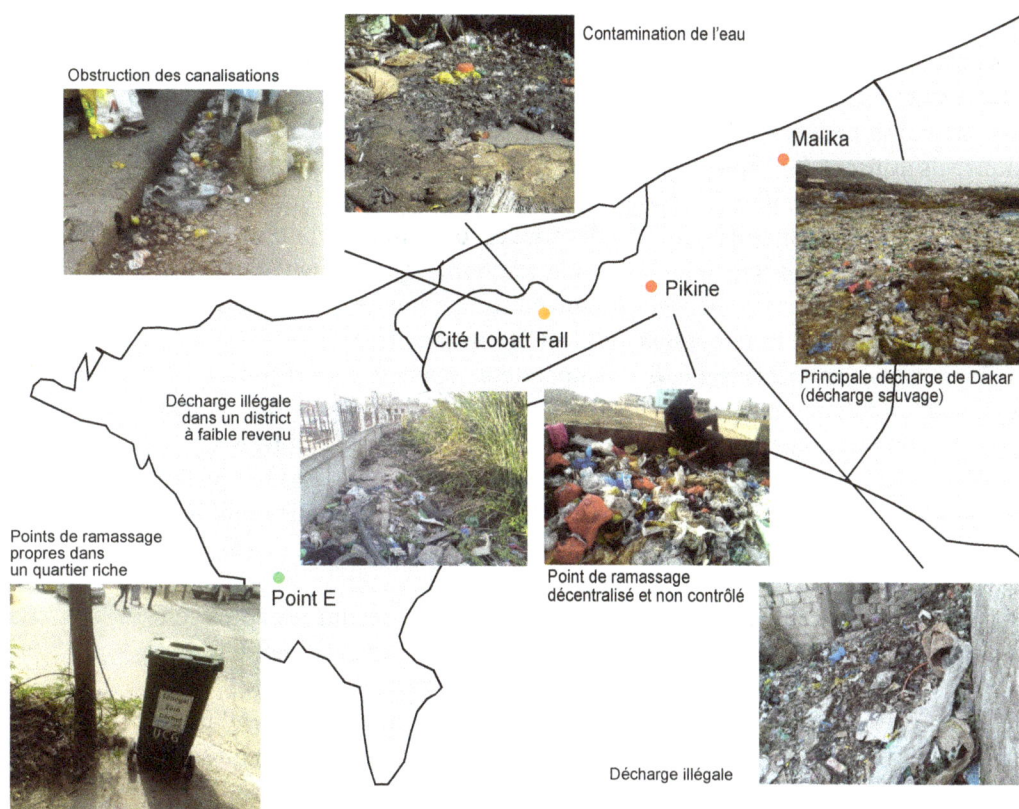

Figure 7.5 Preuves de répercussions négatives des déchets

de déchets non triés à Mbeubeuss. Ensemble, ils contribuent à gérer les 2 500 tonnes (selon les estimatifs) produits quotidiennement.

Il n'existe pas d'estimatifs précis des effectifs travaillant dans le secteur des déchets à Dakar. Plus de 2 000 recycleurs informels travaillent rien qu'à la décharge de Mbeubeuss. Les entreprises sont dominées par les hommes. De nombreux jeunes hommes non qualifiés travaillent souvent sous la supervision de travailleurs plus âgés impliqués dans le secteur depuis plusieurs décennies. Les femmes qui travaillent dans le secteur font souvent le balayage des rues, le tri des déchets et le recyclage (effort physique et salaire moindres) tandis que les hommes sont souvent responsables du ramassage et du transport, et occupent des postes à responsabilités. Les ramasseurs et les négociants de déchets que nous avons interrogés travaillaient dans le secteur depuis plus longtemps que les autres travailleurs, au moins neuf ans. Malgré le partenariat entre les services publics et les ramasseurs privés, très peu d'entreprises interrogées étaient officiellement immatriculées (un seul ramasseur et aucun négociant ni récupérateur).

Le système est relativement bien organisé malgré le manque de plateformes visant à faciliter la collaboration. Il existe une association active appelée Bokk Diom à laquelle sept entreprises sur les 20 interrogées appartenaient (la plupart étaient des ramasseurs et quelques-uns des négociants). C'est une association de récupérateurs et de négociants fondée en 1995 et comptant environ 4 000 membres, chacun payant des frais annuels d'adhésion de 1 000 CFA (Globalrec, s.d. ; Fernelius, 2019). Elle appartient à des réseaux mondiaux de soutien par le biais de WIEGO. Le groupe a fait pression pour empêcher la fermeture de Mbeubeuss sans que les moyens de subsistance des récupérateurs et des négociants soient protégés ni que leur contribution soit reconnue.

L'association Bokk Diom de récupérateurs et de négociants comporte environ 4 000 membres

Ramasseurs et récupérateurs de déchets

Les prestataires informels de service jouent un rôle crucial de complément aux services formels et dans la récupération de déchets en vue du recyclage, dans lequel les services publics ne sont pas du tout impliqués. Les opérateurs informels utilisent des brouettes ou des charrettes et peuvent desservir 80 à 220 ménages par jour. Cependant, il est difficile de gagner un revenu raisonnable de cette manière, car la redevance est optionnelle pour les ménages et ceux qui la paient ne le font pas toujours régulièrement. Les ramasseurs complètent un peu leur revenu en récupérant des déchets de valeur parmi ceux qu'ils ramassent alors qu'ils sont non triés.

Des ramasseurs spécialisés et des récupérateurs opèrent dans certains voisinages, vendant des déchets à des regroupeurs et recycleurs de plus grande taille. Les ménages sondés avaient généralement une attitude ambivalente envers eux, les deux tiers affirmant : « Je n'ai pas d'opinion. Ils essaient juste de gagner leur vie. » Les résidents de la Cité Lobatt Fall avaient une opinion plus favorable, 84 % ayant déclaré : « Nous les apprécions, car ils nous aident à recycler les matériaux. »

Des récupérateurs et des recycleurs travaillaient à la décharge depuis son ouverture en 1968. Ils extraient les produits recyclables, puis les vendent à la décharge et en ville aux négociants et aux entreprises de recyclage, dont deux grandes usines chinoises (Fernelius, 2019). Les hommes ont tendance à récupérer les déchets de valeur tandis que les femmes (environ un quart des récupérateurs de Mbeubeuss ; cf. WIEGO, 2020) récupèrent plutôt les déchets alimentaires utilisés pour nourrir les cochons d'un quartier voisin (Mattson, 2020).

Ensemble, ils recyclent environ 13 % des déchets de Dakar (WIEGO, 2020), principalement du verre, du métal, du PVC, du polystyrène, des bouteilles en PET, d'autres plastiques, du papier et du carton. Les politiques de recyclage sont principalement axées sur le plastique et le verre. Le métal, les déchets d'équipements électriques et électroniques sont recyclés de manière informelle et à grande échelle : 78 % des déchets d'équipements électriques et électroniques sont démantelés, 20 % sont triés et réutilisés, et seulement 2 % sont éliminés ou jetés (Esther, 2012).

Entreprises de négoce de déchets

Les matériaux de plus grande valeur pour les recycleurs sont le métal, le plastique et le papier. Trois des cinq entreprises interrogées compressaient les matériaux, les nettoyaient ou les emballaient. Dix entreprises de recyclage à Dakar travaillaient avec le plastique, dont deux exportant vers la Chine et le Vietnam. Cependant, « le manque de financement, l'[arrêt de l']exportation de plastique vers la Chine et la faible demande en plastique recyclé empêchent les activités [des petites entreprises de recyclage] de s'épanouir », d'après le dirigeant de l'association de récupération et de recyclage de Malika.

Services municipaux de balayage

Le balayage des rues n'est fourni que dans les quartiers résidentiels à revenu moyen et élevé. Les balayeurs sont principalement des jeunes, hommes et femmes, employés officiellement par l'UCG. Aucun des balayeurs interrogés n'avait reçu de formation, mais ils portaient un EPI. Les déchets ramassés sont transportés par brouette ou charrette aux points informels locaux de regroupement. Les balayeurs de l'UCG récupèrent les déchets de valeur pour les vendre afin de complémenter leurs faibles revenus, mais l'un d'entre eux a commenté : « C'est interdit et je risque de perdre mon travail ».

Nettoyages bénévoles de rue

Dans le cadre d'un effort de déblayage des détritus qui restent dans les rues, des campagnes occasionnelles de nettoyage sont organisées, comme l'ont mentionné 30 % et 25 % des ménages de Pikine et de Malika, respectivement. Ces campagnes menées par les résidents locaux de Pikine ont lieu « de manière irrégulière ». À Malika, 40 % des ménages ont affirmé que les résidents locaux effectuent les campagnes de nettoyage, et 60 % ont dit qu'il s'agissait des collectivités locales. À la Cité Lobatt Fall, 62 % des ménages ont mentionné des nettoyages mensuels plus réguliers, principalement organisés par les collectivités locales avec une participation des résidents.

Conditions de travail, harcèlement et discrimination

Les agents de propreté ne bénéficient de mesures de santé et de sécurité professionnelles que sur les sites de récupération gérés par les entreprises privées immatriculées. L'équipement de protection est souvent limité à une veste et des gants. Les agents n'ont ni masque standardisé ni lunettes de protection, et la plupart n'ont pas d'assurance maladie. Notre étude a révélé que les recycleurs étaient plus susceptibles d'avoir accès à un équipement de protection que les récupérateurs. À Mbeubeuss, les travailleurs n'ont aucun accès à de l'eau, à des toilettes ou à des installations de lavage. Ils sont également exposés aux fumées toxiques issues de l'incinération des déchets d'équipements électriques et électroniques, tout comme les femmes et les enfants des environs. Un recycleur a commenté qu'il était confronté à « des risques élevés d'exposition aux déchets dangereux et ne recevait aucun soutien du gouvernement ou des autorités locales... »

La majorité des récupérateurs, des négociants et des ramasseurs était confrontée au harcèlement, souvent de la part des autorités (police ou « gouvernement »/« collectivités locales »), mais parfois également de leur famille et de la communauté. Les balayeurs de rue étaient les seuls à ne pas parler de harcèlement. Les femmes sont confrontées à des risques sécuritaires supplémentaires, particulièrement au centre de regroupement final, un tiers d'entre elles mentionnant le risque d'agression de la part d'autres travailleurs comme le principal danger auquel elles étaient confrontées (WIEGO, 2020).

Les agents de propreté sont souvent harcelés par les autorités

---

Encadré 7.1 Étude de cas : Marème Guèye, recycleuse

Marème Guèye est une femme d'une trentaine d'années qui travaille dans le recyclage informel. Elle affirme faire l'objet d'une stigmatisation de la part de sa famille et de ses voisins à cause de son travail. Elle dit également que les femmes sont victimes de violence et de harcèlement à la décharge de Mbeubeuss. L'accès aux soins médicaux reste une question cruciale. Les recycleuses informelles ont également besoin de formation pour améliorer leur rôle dans la chaîne de récupération.

Gouvernance et règlements

Les villes et les communes du Sénégal sont responsables de la gestion des déchets solides et reçoivent un soutien technique et financier de l'UCG dans des proportions variables. À l'échelle nationale, divers ministères se partagent toujours les responsabilités à l'échelle nationale. Au Sénégal, le budget qui lui est alloué est de 16 milliards de CFA (24 millions d'euros), dont 9 milliards de CFA (13 millions d'euros) pour la seule région de Dakar, mais il est insuffisant, et les budgets locaux pour la gestion des déchets sont intégrés dans des enveloppes plus larges consacrées à l'environnement. La ville perçoit une taxe pour les services de gestion des déchets qui a un faible taux de recouvrement, ne permettant de ne réunir que 3 millions de CFA (WIEGO, 2020). L'UGC soutient la région de Dakar à hauteur d'environ 75 % de son budget opérationnel. Cependant, aucune évaluation rigoureuse des coûts opérationnels ou de recouvrement des coûts n'a été effectuée. Il est par conséquent difficile de plaider en faveur de budgets plus importants. La note de Dakar en matière de viabilité financière est de « faible à moyenne » selon les indicateurs WasteAware (5F, cf. figure 7.9). La structure du financement évolue progressivement vers la taxation des entreprises privées proportionnellement à leur production de déchets.

Le niveau de cohérence institutionnelle locale de gestion des déchets solides de Dakar est plutôt bon (note moyenne pour l'indicateur 6L). Bien que « l'inclusion des utilisateurs » (4U) et « l'inclusion des prestataires » (4P) soient élevées à Dakar, les petites entreprises de recyclage sont encore exclues des processus décisionnels, et ce malgré les efforts concertés de Bokk Diom.

Mbeubeuss constitue un catalyseur de la crise écologique et de santé publique liée aux déchets à Dakar. La décharge n'a pas de statut légal, mais elle est gérée par l'UCG qui octroie des licences de déchargement de déchets aux camions. La décharge a plusieurs fois fait l'objet d'une tentative de fermeture ou de mise en place d'opérations améliorées de recyclage. C'est l'objectif du programme PROMGEDE 2019. Une nouvelle loi prévoit également l'abolition des produits en plastique jetable ou à usage unique et la mise en place d'une « taxe sur le plastique » ou les matériaux non recyclables. Ces mécanismes pourraient permettre de réunir des ressources supplémentaires en vue du financement de services de gestion de déchets et de conditions de travail améliorés. Cependant, l'absence d'une consultation efficace et de l'intégration des entreprises informelles dans les plans préoccupent ces dernières, car elle limite gravement leurs possibilités de subsistance.

Conclusion

Les ménages qui bénéficient de services de collecte d'ordures ménagères à Dakar apprécient leur abordabilité, leur fiabilité et leur commodité. Cependant, la collecte n'est pas le seul aspect important d'un bon service de gestion. Les disparités entre quartiers, selon qu'ils sont riches ou pauvres, sont vastes et flagrantes.

La gestion des déchets de Dakar met l'accent sur le ramassage et l'élimination. Les activités de récupération et de recyclage sont perçues comme « périphériques » et entièrement séparées. D'après nos constatations, les ménages bénéficiant des services de collecte les plus efficaces ont moins tendance à séparer les déchets à la source. Inversement, les ménages plus pauvres qui ont accès aux services les moins efficaces de collecte ou ceux qui utilisent les points de regroupement sont plus susceptibles de séparer leurs déchets pour les recycleurs.

La vaste majorité des déchets est ramassée sans être triée. Les entreprises informelles les trient ensuite et récupèrent les matériaux recyclables, avec tous les dangers et les inefficacités que cela comporte. Si ces activités étaient mieux organisées, le recyclage des matériaux de haute valeur pourrait libérer son potentiel de création d'emplois et de réduction de la pollution. Étant donné la lente transition du Sénégal vers un système intégré de gestion des déchets, l'élimination des déchets non triés et le recyclage de produits dangereux continuent à avoir de graves répercussions sur les communautés et les agents de propreté. Le manque de services de santé, d'assurances et de statut légal expose ces derniers à des risques accrus de maladie, de harcèlement, de problèmes de sécurité, particulièrement les recycleuses.

La présence de l'UCG donne l'occasion de coordonner la réponse à la crise. À l'échelle nationale, la feuille de route de la croissance verte peut servir de base à la création d'emplois dans le recyclage. La présence d'une association organisée et soutenue de récupérateurs et de négociants est également un atout. WIEGO (2020) appelle à un certain nombre de mesures dont le renforcement accru des capacités, une reconnaissance légale renforcée des activités de gestion de déchets et une meilleure intégration avec les systèmes municipaux. Pour y parvenir, toutes les parties prenantes devront modifier leurs perceptions et leurs approches, qui sont devenues de plus en plus rigides au cours des dernières années. Dakar a grandement besoin d'une nouvelle vision commune.

DAKAR

3 835 000 Population de la région de Dakar **418 000** Ménages **38 %** Populations les plus démunies (2015) (estimatifs pour 2020)

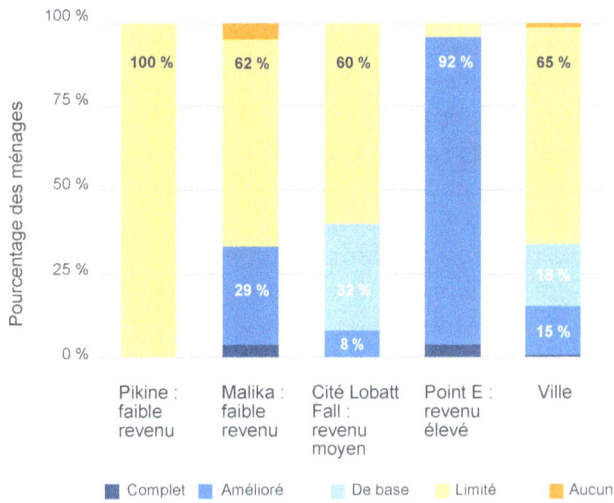

Figure 7.6 Échelle des services de gestion des déchets par catégorie sociale

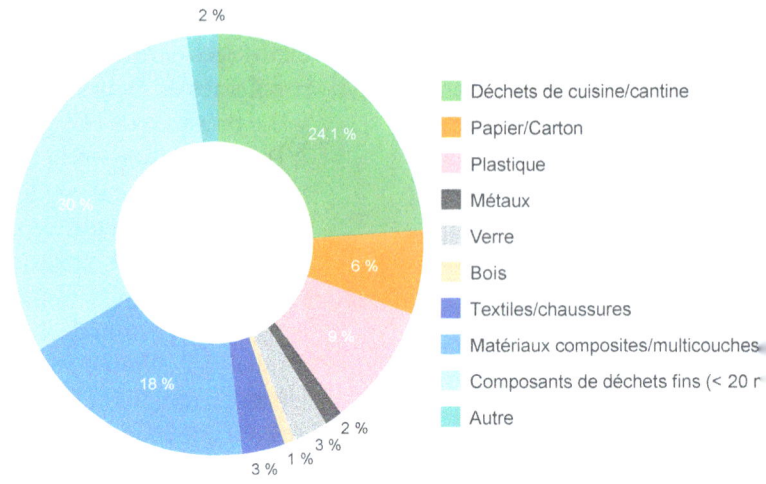

Figure 7.7 Composition des ordures ménagères (ensemble de la municipalité)

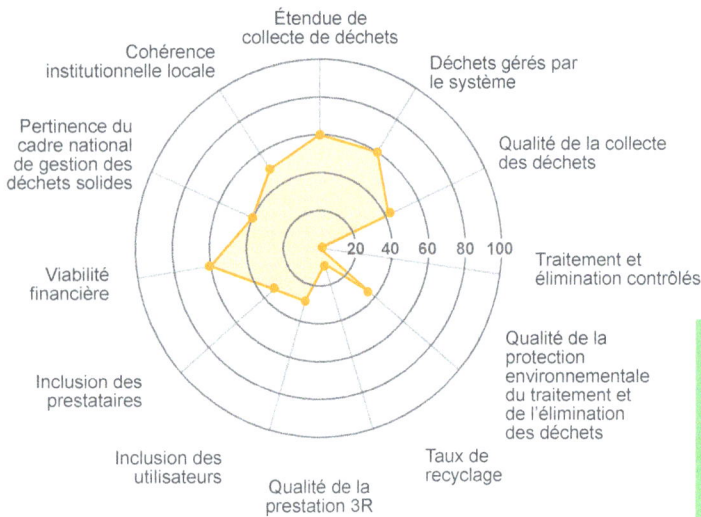

Légende Figure 7.6 : Complet · Amélioré · De base · Limité · Aucun

Légende Figure 7.7 :
- Déchets de cuisine/cantine
- Papier/Carton
- Plastique
- Métaux
- Verre
- Bois
- Textiles/chaussures
- Matériaux composites/multicouches
- Composants de déchets fins (< 20 r
- Autre

Figure 7.9 Indicateurs WasteAware

Indicateurs radar : Étendue de collecte de déchets · Déchets gérés par le système · Qualité de la collecte des déchets · Traitement et élimination contrôlés · Qualité de la protection environnementale du traitement et de l'élimination des déchets · Taux de recyclage · Qualité de la prestation 3R · Inclusion des utilisateurs · Inclusion des prestataires · Viabilité financière · Pertinence du cadre national de gestion des déchets solides · Cohérence institutionnelle locale

0,58 KG

Moyenne pour l'ensemble de la ville.
Les données sur les quantités de déchets selon le statut socio-économique n'étaient pas disponibles dans l'étude de 2014.

Figure 7.8 Poids moyen de déchets quotidiens par personne

99 % des ménages ont accès à un service de gestion des déchets (ramassage ou point de regroupement)

69 % des ménages des quartiers à faible revenu ont déclaré que le dépôt sauvage sans distinction entre les déchets avait d'importantes répercussions sur leur voisinage

13 % des déchets urbains sont récupérés et recyclés par des récupérateurs et des négociants informels/privés de déchets

Figure 7.10 Flux de déchets municipaux

Légende:
- Tonnes par jour
- Prestataires de services privés
- Services municipaux/publics

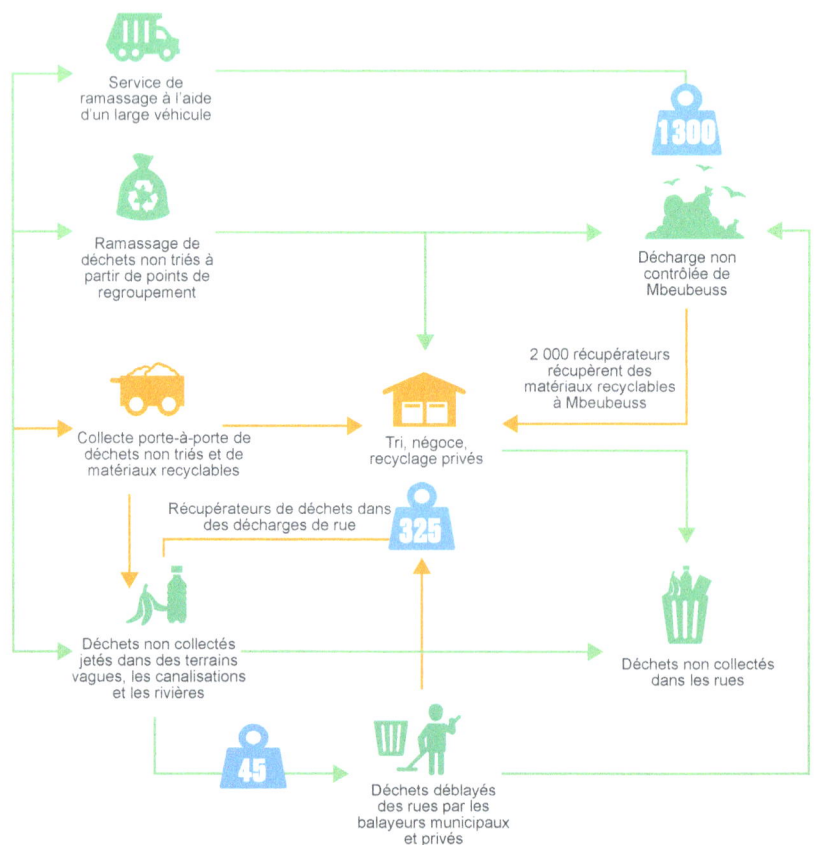

PRODUCTEURS DE DÉCHETS : 2,500

Service de ramassage à l'aide d'un large véhicule

Ramassage de déchets non triés à partir de points de regroupement

Collecte porte-à-porte de déchets non triés et de matériaux recyclables

Décharge non contrôlée de Mbeubeuss : 1 300

2 000 récupérateurs récupèrent des matériaux recyclables à Mbeubeuss

Tri, négoce, recyclage privés

Récupérateurs de déchets dans des décharges de rue : 325

Déchets non collectés jetés dans des terrains vagues, les canalisations et les rivières

Déchets non collectés dans les rues

Déchets déblayés des rues par les balayeurs municipaux et privés : 45

8 SERVICES DE GESTION DES DÉCHETS AXÉS SUR L'HUMAIN

La crise des déchets à l'échelle mondiale est gigantesque et elle a d'importantes répercussions négatives sur la vie des populations vulnérables et sur l'environnement. Selon les estimatifs, deux milliards de personnes n'ont pas accès au ramassage des ordures ménagères et trois milliards à l'élimination contrôlée des déchets (PNUE/UNEP/ISWA, 2015). Nos études de cas ont mis à la lumière les réalités de ces répercussions sur la vie des résidents urbains les plus pauvres. Elles ont également souligné le manque de données officielles fiables permettant de faire le suivi de la situation, de comprendre les progrès effectués et d'identifier les principales lacunes.

Dans ce chapitre, nous explorons quatre thèmes. Pour chacun d'entre eux, nous examinons ce que l'adoption d'une approche axée sur l'humain signifie et pourquoi ce type d'approche est essentiel pour créer des solutions plus durables pour les populations et l'environnement. Nous soulignons des exemples de tentatives faites ailleurs pour transformer les relations, de remettre l'humain au cœur de la solution et avancer ensemble vers un avenir plus durable.

Gestion des déchets en tant que service axé sur l'humain

La planification et les investissements dans la gestion des déchets sont souvent axés sur les mesures liées aux déchets eux-mêmes : leur production, mouvement, élimination ou réutilisation. L'échelle des services de gestion des déchets met plutôt l'accent sur les communautés et sur les attributs des services qui leur importent, comme les relations qu'elles entretiennent avec ces services, comment elles les perçoivent (disponibilité et fiabilité), et comment la prestation de déblayage est gérée dans leur environnement immédiat. Nous incluons la séparation en vue du recyclage parce qu'elle est essentielle à une récupération plus efficace des ressources. Du point de vue du service, la séparation en vue du recyclage doit être pratique et faire l'objet d'incitations (financières ou autres).

Notre échelle affine celle proposée par ONU-Habitat en ajoutant l'impact des déchets sur le voisinage et en élargissant les définitions de séparation des déchets pour mieux prendre en compte la contribution du secteur informel. Notre échelle comprend et valorise par exemple le rôle du secteur informel à Sathkira où 84 % des ménages séparent régulièrement les déchets pour les vendre aux négociants informels.

> L'échelle des services de gestion des déchets met l'accent sur les communautés et sur les attributs des services qui leur importent

Accès aux services de gestion des déchets en fonction du genre

L'échelle des services de gestion des déchets met l'accent sur la prestation aux *ménages* qui sont les principaux bénéficiaires de ces services. Nous pouvons ventiler les données selon le genre du chef de famille. Nous pourrions nous attendre à ce que les ménages dont le chef de famille est une femme soient surreprésentés dans les quartiers plus pauvres et soient par conséquent plus susceptibles d'avoir accès à un service de moindre qualité dans l'ensemble. Lors de la vérification de cette hypothèse à Dakar, nous avons observé des différences y compris au sein des quartiers à faible revenu : l'accès aux services de gestion des ménages dont le chef de famille est une femme était pire (97 % avaient un accès « limité ») que ceux dont le chef de famille est un homme (seulement 77 %).

Dans les ménages, les hommes et les femmes, qu'ils soient ou non chefs de famille) étaient touchés de manière différente. Dans nos études de cas en Inde et au Bangladesh, les femmes des communautés des quartiers pauvres étaient plus susceptibles que les hommes de penser que les répercussions du dépôt sauvage dans le voisinage étaient graves. Au cours des discussions de groupe et des entretiens dans tous les pays, elles ont souligné les façons concrètes dont les déchets affectaient leur vie, que ce soient les mauvaises odeurs provenant de la pourriture des restes de nourriture, les mouches et la vermine, et le manque d'espace permettant aux enfants de jouer en toute sécurité. La responsabilité de la santé de la famille tendait à incomber aux femmes. Dans toutes nos études de cas, elles étaient également responsables de la gestion

> Les femmes sont responsables de la gestion des ordures ménagères, mais n'ont pas autant voix au chapitre dans le processus décisionnel

des déchets à l'échelle du ménage, et parfois (mais pas toujours) du paiement des services liés. En revanche, elles n'ont pas autant voix au chapitre dans le processus décisionnel, et les mesures permettant de traiter de ces problèmes ou de promouvoir un changement de comportement ne reflètent pas complètement leurs préoccupations.

Profondes inégalités entre les riches et les pauvres des villes

L'utilisation d'une échelle des services de gestion des déchets permet de comparer les quartiers de toute une ville, ainsi que les quatre villes étudiées entre elles. Notre analyse révèle de profondes inégalités entre le service de gestion dans les quartiers à plus faible revenu et ceux à revenu plus élevé. Ces inégalités étaient particulièrement flagrantes à Kisumu où la capacité de payer, que ce soit individuellement ou collectivement par le biais des gestionnaires de complexe résidentiel, déterminait le niveau de service. De la même manière, à Dakar, malgré la promotion par l'UGC, qui est l'organe national de coordination, d'une collecte complète des ordures ménagères, le service dans les quartiers à faible revenu demeurait tout au mieux sporadique. La petite ville de Dhenkanal a également lancé une énorme campagne en faveur de services complets de collecte. Les habitants des quartiers pauvres ont constaté des améliorations et bénéficiaient de niveaux de services « de base ».

Comme c'est le cas des échelles d'eau et d'assainissement, nous pouvons estimer le nombre de personnes n'ayant pas accès aux services minimaux sur l'ensemble de la ville. Cela signifie que leur accès à un service de gestion est limité soit par la qualité médiocre, soit parce que le rejet de déchets sans aucune distinction a encore un impact important sur le quartier. Grâce à son service complet de collecte, Dhenkanal pourrait facilement obtenir de meilleurs niveaux de service sur l'échelle à l'aide de campagnes visant à modifier les comportements.

Tableau 8.1 Proportion des personnes n'ayant pas accès à un service minimal de gestion des déchets

Ville	Pourcentage sans accès à un service minimal de gestion des déchets (%)	Nbre approximatif de personnes
Dakar	66 %	1 638 000
Kisumu	75 %	379 000
Satkhira	93 %	158 000
Dhenkanal	61 %	45 000

Répercussions axées sur l'humain de la mauvaise gestion des déchets

Nous avons commencé par enquêter sur les services de gestion des déchets, mais il est important de faire le suivi de leurs flux et de leur composition. L'ODD 11.6.1 exige la mesure de la « proportion de déchets solides municipaux collectés et gérés dans des installations contrôlées par rapport au total des déchets solides municipaux générés, par ville ». On peut supposer que si la proportion de déchets collectée et bien gérée est élevée, l'ensemble de la ville, ses habitants et les entreprises, y gagneront.

Déchets organiques : abondants, lourds et sales. Les déchets de cuisine et de jardins sont de loin les déchets les plus produits au poids dans toutes les villes : entre 57 % et 79 %. Dakar était l'exception, une grande partie « étant des particules fines » telles que le sable. Bien que les matières organiques se décomposent rapidement dans l'environnement, elles constituent un danger sanitaire important, attirant les mouches et autre vermine. Dès que des déchets de cuisine sont mélangés à des matériaux secs recyclables, la valeur de ces derniers diminue et leur coût de récupération augmente considérablement (main-d'œuvre, temps et équipement) . Les déchets organiques non collectés et mal éliminés sont également la principale source d'émissions de gaz à effet de serre issues des déchets municipaux. En revanche, ils représentent une source précieuse de nutriments et de matières organiques qui pourrait être capturée et réutilisée dans les sols.

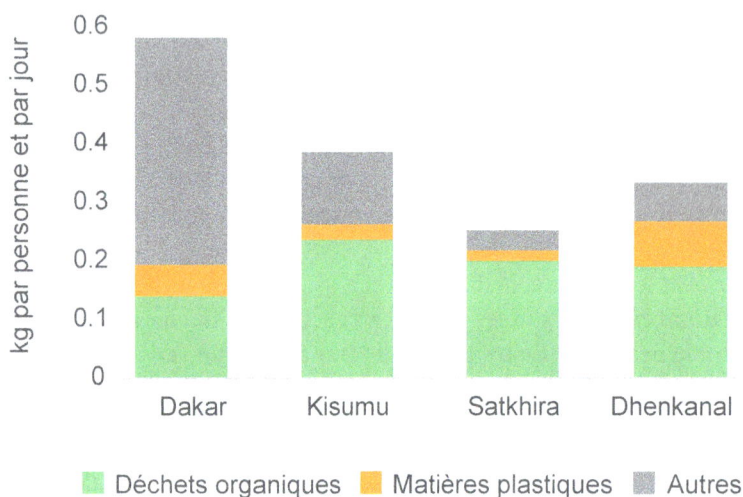

Figure 8.1 Production et composition moyennes des déchets par personne et par jour

Plastique : léger, encombrant et se dégradant lentement. Le plastique, que ce soit en film mince ou dur/dense, constitue une petite proportion des ordures ménagères au poids (7 à 9 %, mais plus importante à Dhenkanal avec 23 %) et pourtant, il mobilise actuellement l'attention plus que n'importe quel autre flux de déchets municipaux. C'est compréhensible étant donné qu'il n'est pas biodégradable, qu'il est facilement dispersé par le vent et l'eau dans l'environnement et contribue à l'obstruction des canalisations, la pollution et l'engorgement des sols. Le plastique dense est généralement facilement commercialisable et dans toutes les villes, c'était l'un des matériaux les plus prisés par les recycleurs. Le plastique mince n'est en revanche pas valorisé. Ce n'est qu'à Dakar que ce flux de déchets dont font partie les matériaux composites et les sachets de produits a bien été saisi dans les informations fournies. Ce type de plastique est largement utilisé pour vendre de petites quantités d'aliments, de boissons et de produits ménagers.

Types de déchets difficiles à éliminer et stratégies d'adaptation : nous savons que les ménages ont du mal à éliminer certains types de déchets. À Kisumu, les habitants ont décrit les problèmes auxquels ils faisaient face en l'absence d'un service de collecte, en particulier l'élimination des serviettes hygiéniques et des couches de bébé. Les produits « jetables » sont devenus populaires, car ils sont plus abordables au Kenya. Les résidents ont affirmé qu'ils étaient difficiles à brûler, or l'incinération est la manière dont ils gèrent les autres

Dès que les déchets de cuisine sont mélangés à des matériaux secs recyclables, la valeur de ces derniers diminue

Le plastique représente une petite proportion en poids des ordures ménagères, mais c'est le déchet qui mobilise le plus l'attention

types de déchets. Ils les jetaient dans les toilettes sèches ce qui posait des problèmes lorsqu'elles avaient besoin d'être vidées.

L'incinération est également une stratégie d'adaptation. Les résidents de la ville au Bangladesh l'ont mentionné, et la pratique était très courante au Kenya. À Dakar, nous savons que bien que les déchets de la plupart des ménages soient ramassés, le transfert secondaire à la décharge n'a pas nécessairement lieu. Ils sont souvent brûlés dans des décharges sauvages locales pour tenter de réduire leur volume, les odeurs et les désagréments liés. Cependant, l'incinération entraîne « un dangereux cocktail d'émissions » mal maîtrisé qui est relâché dans l'atmosphère et dans les sols (Cook et Velis, 2020).

Encadré 8.1 Marché des sachets de produits

Les sachets de produits sont un type d'emballage plastique flexible fabriqué à partir de matériaux multiples qui sont « difficiles, ou même impossibles à recycler ». Ils sont utilisés pour les petites portions ou les portions uniques d'aliments et les produits d'hygiène comme le savon. Le marché de ces emballages a augmenté de 19 % en seulement un an en 2017. En 2018, 855 milliards de sachets de produits ont été vendus dans le monde entier, dont la moitié en Asie du Sud-Est, à des consommateurs à faible revenu qui n'ont pas les moyens d'acheter de plus grosses quantités.

Source : Greenpeace (2019), Tearfund et coll. (2019)

Prestataires de services : combler l'écart entre le ramassage et le recyclage

Les agents de propreté du secteur informel sont en première ligne du recyclage. Le secteur est dominé par les hommes et par les jeunes, particulièrement en Afrique. Ces agents sont souvent les seuls acteurs de la récupération des matériaux en ville, fournissant des matériaux aux recycleurs formels de plus grande taille. Leurs activités sont complètement indépendantes des services municipaux, qui eux se concentrent sur le ramassage et le dépôt en décharge. Les données relatives à cette contribution se sont accumulées au cours des dernières années (WIEGO, 2014 ; Dias et Samson, 2016). Ainsi, une enquête de WIEGO dans cinq villes dans le monde a révélé que les trois quarts (76 %) des récupérateurs fournissaient directement aux entreprises formelles les intrants dont elles avaient besoin, créaient des emplois pour eux-mêmes et pour d'autres, et un service environnemental qui ne coûte rien aux collectivités locales.

C'était également le cas des villes que nous avons étudiées. À Satkhira, 84 % des ménages séparent leurs déchets pour les négociants, ainsi que 22 % des ménages de Kisumu. À Dakar, les ramasseurs trient les matériaux recyclables, et 13 % de tous les déchets sont regroupés par les récupérateurs en vue de leur recyclage. Les collectivités locales ne jouent aucun rôle dans ces activités. À Dhenkanal, les collectivités locales possèdent leurs propres installations de compostage et de récupération de matériaux, indépendamment du négoce existant. Cependant, les négociants continuent à récupérer de bien plus grands volumes de matériaux secs recyclables que la municipalité.

Les motivations des individus qui ont décidé de travailler dans le secteur varient. Certains avaient peu d'options à leur disposition pour « gagner

Les récupérateurs fournissent des intrants aux industries, créent des emplois et fournissent un service environnemental gratuit aux collectivités locales

honnêtement leur vie » en l'absence d'éducation, de compétences ou de capital pour démarrer une autre activité ou trouver un emploi. D'autres, en particulier les jeunes, par exemple au Kenya, y voyaient également une façon de contribuer positivement à leur communauté. Ils s'étaient engagés à fournir un service de collecte dans leur voisinage même s'ils devaient également desservir également des ménages plus riches pour que leur activité soit rentable.

Opportunités pour l'économie circulaire

Les opportunités sont potentiellement gigantesques et commencent à être reconnues comme telles. Un rapport de l'Initiative sur l'économie circulaire du Forum économique mondial et de l'Alliance africaine pour l'économie circulaire a cherché à identifier cinq industries dont la circularité accrue pourrait « soutenir l'économie, les emplois et l'environnement [en Afrique] sur le long terme ». Les deux industries principales étaient la transformation des déchets alimentaires en engrais organiques et le recyclage du plastique (Alliance africaine pour l'économie circulaire/African Circular Economy Alliance, 2021). Cependant, comme Sadan et de Kock (2020) l'ont souligné, un éventail d'incitations économiques pousse à une dépendance continue du plastique sans que les entreprises n'en supportent les conséquences.

En Indonésie, le programme de « banques de déchets » s'appuie sur ces types de pratiques en incitant les ménages à amener leurs déchets séparés aux centres de recyclage. Un programme similaire à petite échelle en Afrique du Sud a constitué une vraie bouée de sauvetage pour des travailleurs ayant perdu leur emploi pendant la pandémie de COVID-19.

Encadré 8.2 Banques de déchets en Indonésie : un succès national

Depuis 2008, les clients peuvent vendre leurs matériaux recyclables aux « banques de déchets », leur contribution étant enregistrée dans un livret bancaire. Ils peuvent soit recevoir le montant de la vente ou d'autres avantages (selon la banque). Le programme est soutenu par le gouvernement depuis 2012 et en 2018, il existait 8 036 banques dans 34 provinces d'Indonésie, selon les estimatifs.

Source : Wijayanti et Suryani (2015), Bahraini (2020)

Encadré 8.3 Programme de rachat des déchets organisés : une « bouée de sauvetage » pendant la pandémie de COVID-19 en Afrique du Sud

L'organisme de bienfaisance sud-africaine LOCK (Love Our City Klean, en français : Aimons que notre ville soit propre) a constitué une bouée de sauvetage pour des Sud-Africains qui avaient perdu leur emploi pendant les confinements de la pandémie de COVID-19. Lorsqu'ils amènent les matériaux recyclables aux centres LOCK, ils reçoivent des points sur une carte numérique qu'ils peuvent échanger toutes les semaines contre des produits alimentaires essentiels. L'un des participants au programme a déclaré : « Je ne suis pas sûr qu'on aurait survécu sans cela... et regardez combien nos rues sont propres ! »

Source : Harrisberg (2021)

Les personnes les mieux placées pour tirer profit de ces opportunités sont les travailleurs informels qui savent déjà trier, classer, nettoyer et traiter les déchets afin de répondre aux besoins de l'économie de recyclage, et qui ont une bonne connaissance des chaînes d'approvisionnement. De nouvelles technologies et de nouveaux marchés sont nécessaires pour gérer et commercialiser les déchets qui ne sont actuellement pas hautement valorisés, tels que le plastique en film mince, les sachets plastiques ou les grandes quantités de matières organiques.

Mauvaises conditions de travail des agents informels de propreté

Alors qu'ils fournissent un service d'utilité publique, les agents informels de propreté sont confrontés à de très mauvaises conditions de travail. Ils travaillent sans ombre ou accès à de l'eau, des toilettes ou de quoi se laver les mains. Cela pose encore plus de problèmes aux femmes lors de leur menstruation. Les agents ne portent généralement pas d'équipement de protection et certains de ceux qui en portent un ont affirmé qu'il était étouffant ou contraignant. Les agents de propreté manipulent des déchets dangereux et sont exposés aux fumées toxiques sans équipement de protection ni assurance maladie. Ils manipulent tous les jours des matériaux sales, tranchants, contaminés et toxiques. Les maladies aéroportées, les morsures d'animal, les coupures, les contusions et les infections fongiques sont courantes. Les problèmes de santé leur font perdre du temps et de l'argent, ce qui entraîne une perte de productivité et pour finir, une espérance de vie plus courte (Cook et Velis, 2020).

Certaines mesures sont prises pour résoudre collectivement ces problèmes. À Dakar et à Satkhira, les agents de propreté étaient membres d'associations qui les soutiennent de manières variées, y compris en leur fournissant une assurance maladie. Après le déploiement de ce programme dans quatre villes au Bangladesh, Practical Action a remarqué que le nombre de jours non travaillés pour blessure ou maladie avait chuté de 73 % (Practical Action, 2021). À Dakar, Bokk Diom joue un rôle crucial dans la lutte contre la fermeture de la décharge en vue de protéger l'accès des travailleurs à leur source primaire de subsistance.

Les agents de propreté sont également régulièrement confrontés au harcèlement et à la discrimination sociale. La situation est généralement pire pour les récupérateurs. Les négociants, quant à eux, sont plus souvent harcelés par les autorités à cause de leurs activités commerciales. Les ramasseurs ont également des difficultés avec les clients insatisfaits et les membres de la communauté. Les femmes sont victimes de violence physique et verbale, et de harcèlement de la part du public et d'autres récupérateurs avec lesquels elles se disputent l'accès aux déchets. Dans certains cas, elles ne peuvent accéder qu'aux types de déchets de moindre valeur, comme c'est le cas à la décharge de Dakar. Dans la communauté élargie, les entreprises sont peu enclines à employer des agents de propreté : ils sont perçus comme des « criminels » et sont parfois exclus des événements communautaires ou du partage des repas.

Au Bangladesh, l'assurance maladie a permis de réduire les jours non travaillés de 73 %

PRODUCTION DE DÉCHETS	RAMASSAGE ET TRANSPORT	PRÉ-TRAITEMENT	TRAITEMENT FINAL	ÉLIMINATION FINALE
PRATIQUES PEU SÛRES Aucune séparation des déchets Exposition à des déchets dangereux Rejet de détritus plastiques	Manipulation, logistique et installations peu sûres Récupération manuelle des déchets Négoce non conforme et mauvaise gestion lors du transport	Démantèlement manuel dangereux des déchets d'équipements électriques et électroniques Séparation médiocre des composants électriques et électroniques lors du traitement mécanique Broyage et fonte manuels	Traitement métallurgique insuffisant et dangereux (p. ex. fusion, fonte et lixiviation chimique dangereuses) Broyage et fonte manuels	Incinération à l'air libre Dépôt sauvage Récupération manuelle des déchets
RISQUES Exposition à des sols et des aliments contaminés (métaux lourds, produits chimiques) Obstruction des égouts provoquant des maladies hydriques Maladies aéroportées, morsures d'animal, coupures, contusions ou infections fongiques	Coupures, brûlures Inhalation de fumées toxiques qui entraînent des maladies respiratoires Troubles durables du développement	Exposition à des sols et des aliments contaminés (métaux lourds, produits chimiques) Contamination de l'eau et des aliments Coupures, brûlures Inhalation de fumées toxiques qui entraînent des maladies respiratoires Troubles durables du développement		

Figure 8.2 Risques sanitaires fréquents de la gestion des déchets solides

Source : auteurs et GIZ (2019)

Gouvernance : structures et capacités en vue d'approches axées sur l'humain

Facteurs politiques de la gestion des déchets

Dans les villes étudiées, comme dans de nombreuses autres villes du monde, les autorités locales concentrent leurs ressources limitées sur les questions politiques prioritaires. La première est de déblayer les déchets des rues de leur principal quartier des affaires. Les autorités locales priorisent ensuite le ramassage et l'élimination dans les quartiers plus riches.

Se rendant compte du besoin de services de ramassage des ordures ménagères, les municipalités octroient souvent un permis au secteur privé. Cependant, cet octroi a souvent lieu selon les règles du marché libre, sans essayer de garantir que tous les quartiers urbains soient desservis. Les collectivités locales manquent également souvent de la capacité de superviser et réglementer ces prestataires de service ce qui fait que la qualité et l'efficacité des prestations varient.

Les municipalités octroient souvent des permis aux ramasseurs privés, mais la réglementation est faible

> **Encadré 8.4 Systèmes de protection sociale par le biais de coopératives d'agents informels de propreté**
>
> L'un des avantages de l'organisation en coopératives est la possibilité de mettre en place un système de protection sociale. Le BIT (ILO, 2020) souligne un certain nombre d'exemples, dont Cooperativa Recuperar, à Medellin en Colombie, fondée en 1983. La coopérative compte actuellement environ 1 000 membres, dont 60 % de femmes. Les membres peuvent obtenir des prêts, des bourses pour poursuivre leurs études, une assurance-vie et une assurance en cas d'accidents.

Tandis que les populations et les activités économiques des villes augmentent, l'expansion et la mauvaise gestion des décharges deviennent souvent un problème d'ordre politique, en l'absence d'une stratégie de réduction des déchets. À Kisumu, l'une des promesses électorales du nouveau gouverneur du comté en 2017 concernait la situation de la décharge sauvage de Kachok. À Dakar, les problèmes sont de plus grande échelle et plusieurs efforts ont été entrepris au fil du temps pour fermer ou réformer les activités de la décharge sauvage de Mbeubeuss.

Finances, effectifs et équipements municipaux limités

Les capacités financières et organisationnelles de nombreuses autorités locales sont sérieusement limitées. Elles emploient peut-être un relativement grand nombre de travailleurs, mais leur capacité à utiliser et entretenir leur flotte de véhicules, ainsi qu'à élargir ou modifier leurs services, est restreinte. Elles réussissent rarement à percevoir les frais de gestion des déchets devant être payés par les utilisateurs. Par crainte d'une augmentation du dépôt sauvage sans aucune distinction, elles hésitent souvent à imposer des frais de dépôt sauvage. Même lorsqu'elles adoptent une stratégie de gestion des déchets tournée vers l'avenir, comme c'est le cas à Kisumu, et qu'elles ont de bonnes intentions en matière de réduction des déchets envoyés à la décharge et d'augmentation du recyclage, la mise en œuvre de cette stratégie s'avère laborieuse.

Dans une certaine mesure, les collectivités locales essaient d'adopter une approche axée sur l'humain. Elles ambitionnent une ville « propre » dont elles peuvent être fières, elles et leurs résidents, et elles savent que les habitants souhaitent un service pratique qui élimine les déchets des quartiers et des espaces publics. Malgré cette bonne volonté politique, les défis de mise en œuvre des services de gestion se traduisent par une colère publique et politique provoquée par la mauvaise gestion des décharges et la pollution qu'elles engendrent.

Dhenkanal est une exception : la municipalité a pris la décision audacieuse, encouragée par l'initiative nationale Clean India Mission, d'effectuer des investissements importants et des changements du système de gestion, non seulement concernant le ramassage, mais également la récupération et le recyclage, à commencer par le ramassage des déchets séparés.

Les collectivités locales ne s'appuient pas sur l'expertise et la contribution des agents informels de propreté

Les collectivités locales des villes étudiées ne percevaient pas les récupérateurs et les recycleurs comme un élément essentiel de la solution à la crise : elles ne valorisaient pas leur expertise et leurs connaissances ; et elles ne prenaient pas en considération les difficultés de ces travailleurs à élargir leurs services. En effet, les mesures des collectivités locales peuvent facilement saper l'accès des agents informels aux déchets et rendre leurs activités plus difficiles. À Kisumu, le régulateur environnemental s'efforce de garantir que les entreprises paient des licences onéreuses dont les conditions sont conçues pour protéger la santé publique, mais qui freinent les activités des recycleurs. À Dakar, le taux de séparation des ordures ménagères est proche de zéro dans les quartiers où les services de ramassage sont les plus efficaces, ce qui signifie que les recycleurs n'ont accès à ces déchets qu'une fois qu'ils sont mélangés à la décharge.

À Dhenkanal, l'accès aux déchets de valeur des récupérateurs et des négociants commence à être limité par les efforts de ramassage et de recyclage de la municipalité. Comme l'indique Scheinberg (2012), cette stratégie est susceptible de coûter plus cher et d'entraîner la chute des taux de recyclage. Elle souligne que les autorités publiques ou leurs contractants privés « ne savent simplement pas comment valoriser les matériaux, ne comprennent pas les chaînes de valeur et n'ont pas accès aux contacts commerciaux ou aux négociants expérimentés dont ils ont besoin pour les aider ».

Une stratégie beaucoup plus efficace consisterait à ce que les collectivités locales soutiennent et intègrent les activités des agents informels de propreté. Dans toutes les villes étudiées, les récupérateurs, les négociants et les ramasseurs étaient désireux de dialoguer avec les collectivités locales. Ce dialogue n'avait pourtant pas lieu, y compris lorsque les acteurs du secteur (ou au moins certains d'entre eux) formaient une association, telle que Bokk Diom à Dakar ou KIWAN à Kisumu. Une approche axée sur l'humain de la gouvernance et des règlements de la gestion fournirait également de plus grandes opportunités de dialoguer avec les communautés. Celles-ci sont souvent déjà activement impliquées de manière pratique par le biais de campagnes de nettoyage. Cependant, elles ont rarement l'opportunité de partager leurs idées sur comment améliorer les services de gestion.

Les mesures des collectivités locales peuvent saper les efforts des agents informels de propreté

Conclusion

Une approche axée sur l'humain de la gestion des déchets exige tout d'abord de mettre l'accent sur les types de services souhaités par les ménages. Elle exige également que les acteurs de la gouvernance à l'échelle municipale écoutent les suggestions des résidents, en particulier les femmes dont la voix est rarement entendue, mais qui sont les principales responsables des déchets dans leur ménage.

De plus, les collectivités locales ont clairement besoin de trouver des moyens d'intégrer les secteurs dynamiques existants de la récupération et du recyclage et d'amplifier leur efficacité. Ces secteurs gèrent déjà une importante partie des déchets. Cependant, certains matériaux sont plus difficiles à ramasser, transporter et vendre ou ne sont pas facilement commercialisables. C'est le cas des grandes quantités de matières organiques, des plastiques fins et des matériaux complexes. D'autres matériaux sont dangereux et ont besoin d'être manipulés par des agents portant des équipements de protection utilisant des processus sécurisés. Les municipalités devraient concentrer leurs efforts sur ces domaines dans l'intérêt de tous.

Les répercussions environnementales d'une mauvaise gestion sont considérables. Les déchets municipaux qui pourrissent dans les décharges non contrôlées engendrent des émissions de gaz à effet de serre, ainsi que des gaz toxiques qui polluent les sols et l'eau. Le plastique qui se répand dans l'environnement et l'incinération à l'air libre engendrent des problèmes sanitaires et environnementaux. Les communautés urbaines vulnérables sont les premières victimes de la plupart de ces types de pollution. Lorsque les municipalités cherchent des solutions, elles doivent considérer ces communautés non pas comme des bénéficiaires passifs, mais comme un élément clé de ces solutions.

9   CONCLUSION

L'échelle et l'urgence de la crise mondiale de gestion des déchets commencent à être reconnues, comme en témoigne la croissance des initiatives concernant l'économie circulaire et le plastique polluant l'environnement marin. L'inclusion d'un ODD concernant les déchets solides municipaux en 2015 est un pas en avant. En parallèle, les agents informels de propreté se sont organisés, souvent avec le soutien d'ONG. Des recherches en cours, sur lesquelles s'appuie ce rapport, soulignent le rôle des travailleurs informels. Cependant, beaucoup reste à faire pour répondre aux besoins des ménages n'ayant accès à aucun service de gestion des déchets et pour remédier aux volumes en forte croissance des déchets jetés ou brûlés à l'air libre. Les répercussions sur la santé, l'environnement et l'économie sont de taille.

Dans ce rapport, nous replaçons la dimension humaine au cœur de la gestion des déchets à l'aide de preuves solides issues de quatre endroits contrastés. Nous avons cartographié les faibles niveaux de service et souligné comment les femmes et les résidents à faible revenu sont les premiers à en pâtir. Nous avons documenté l'éventail et l'échelle des activités informelles, et les ressources et capacités limitées dont disposent les gestionnaires municipaux et urbains.

Relever ces défis d'une manière centrée sur l'humain exige l'intervention d'un éventail de parties prenantes. Les responsables urbains ont un rôle essentiel à jouer puisque ce sont principalement eux qui définissent les mesures locales. Les entreprises nationales et mondiales assument d'importantes responsabilités en tant que producteurs d'emballages et acheteurs potentiels de matériaux recyclables. Les institutions de développement et les bailleurs de fonds peuvent influencer la manière dont les initiatives de grande échelle sont planifiées et mises en œuvre. De plus, l'aide mondiale au développement a besoin d'augmenter et d'être mieux ciblée.

Compte tenu de cela, nos recommandations mettent l'accent sur quatre domaines :

Gestion des déchets en tant que service axé sur l'humain

- Les cibles doivent être définies à l'échelle locale et nationale afin d'améliorer la proportion de personnes ayant au moins accès à des services minimaux de gestion des déchets. De même, la gestion des déchets doit être incluse dans l'ODD 1.4 en tant que « service de base ».
- L'accès à des services de gestion des déchets doit être mesuré à l'aide d'une échelle similaire à celle de l'eau, de l'assainissement et de l'hygiène (ODD 6). Les résultats doivent être ventilés pour souligner les différences en fonction de la catégorie de richesse et du genre.

Traitement des déchets qui affectent le plus les populations

- Encourager et soutenir les ménages dans la gestion en toute sécurité de leurs déchets organiques de cuisine, à commencer par les séparer des autres ordures ménagères, constitue la priorité. Cette séparation a de nombreux bénéfices tout au long de la chaîne de valeur des déchets, et aide les ménages à gérer des matières qui peuvent rapidement créer des problèmes.
- Il convient de trouver des solutions de récupération de flux de déchets qui n'ont actuellement aucune valeur commerciale pour le recyclage, y compris certains types particuliers de plastique. Il convient également de trouver des solutions pour l'élimination en toute sécurité de matériaux potentiellement dangereux ou personnels, tels que les couches ou les serviettes hygiéniques, et les articles électroniques.

Amélioration de la vie et des conditions de travail des agents informels de propreté

- Il convient de reconnaître et de valoriser la contribution et l'expertise des entreprises informelles ou semi-informelles de ramassage, de recyclage et de négoce des déchets. En soutenant ces entreprises, il est possible de fournir un service meilleur et plus sûr qui améliore les moyens de subsistance, les conditions de travail et le niveau de dignité.
- Il est important d'aborder les couches supplémentaires de discrimination et d'abus auxquelles les femmes sont confrontées dans le secteur des déchets afin de trouver des voies vers leur émancipation par le biais de la sensibilisation, d'un soutien pratique, et de la formation de coopératives et d'autres associations de femmes qui aident à renforcer collectivement leurs capacités.
- La formation de partenariats entre les municipalités et les villes, et les entreprises informelles est nécessaire afin de fournir à ces dernières des opportunités de croissance et d'éviter de compromettre leur accès à des sources de déchets ou à des marchés de matériaux recyclables.

Meilleure représentation des communautés les plus affectées dans le processus décisionnel

- À l'échelle nationale et mondiale, les politiques de gestion des déchets ne doivent pas seulement être centrées sur les avantages environnementaux, mais également sur l'amélioration des conditions de vie des communautés les plus pauvres.
- Les collectivités locales et les entreprises de recyclage doivent établir des forums afin de bénéficier de l'expertise des entreprises informelles, et de la passion et du dynamisme des jeunes, les intégrant efficacement aux systèmes de gestion des déchets. Les entreprises du secteur informel ont besoin de soutien pour former des associations et des coopératives efficaces qui peuvent représenter leurs intérêts, tisser des liens de confiance avec les collectivités locales et répondre aux besoins de leurs membres.

NOTES

Chapitre 2

1. Les termes employés sont importants dans cette situation. Lors de la Première conférence mondiale des récupérateurs de déchets qui s'est tenue en Colombie en 2008, le terme « récupérateur de déchets » a été adopté par consensus (mais dans les contextes spécifiques, il convient d'utiliser le terme préféré par la communauté locale de récupérateurs), tandis que celui de « charognard » doit être évité à cause de sa connotation péjorative.

Chapitre 4

1. Une étude de 2018 a identifié environ 480 agents informels de propreté et de salubrité à Faridpur, une ville légèrement plus grande que Satkhira.
2. En supposant que les ménages qui déclarent séparer leurs déchets en vue du recyclage jettent malgré tout environ 20 % de ce type de déchets tandis que 80 % sont envoyés au recyclage.
3. Tel que le confirme le site Web de la municipalité de Sathkira : <https://www. satkhiramunicipality.org.bd/services.php?home_id=18>.
4. Le salaire minimum national est de 1 500 BDT par mois, soit environ 15,40 EUR.

Chapitre 5

1. Les négociants de déchets estiment qu'il existe 10 entreprises de taille moyenne (employant en moyenne 10 personnes) et 20 entreprises plus petites (employant en moyenne 5 personnes). De plus, nous pouvons supposer qu'il y a environ 100 récupérateurs de déchets.

Chapitre 6

1. Le recensement de 2019 identifie 20 villes de cette taille, mais il ne comptabilise que la population du « noyau urbain » au lieu d'inclure également la population « périurbaine » comme lors des recensements de 1999 et de 2009. Les chiffres ne sont par conséquent pas directement comparables.

2. Le plan de développement intégré du comté de Kisumu pour 2018 à 2022 clarifie que « La ville de Kisumu recouvre... 14 des 35 districts du comté » (page 109), à savoir (page 9) tous les quartiers de Kisumu Central et les sous-comtés de Kisumu Est, ainsi que les quartiers suivants de Kisumu Ouest : Kisumu Sud-Ouest, Central Kisumu et Kisumu Nord. Notre chiffre de la population urbaine est basé sur celui du recensement de 2019 concernant ces districts.

3. D'après une classification des quartiers selon le revenu des ménages (élevé, moyen, moyen à faible et faible) en utilisant les chiffres de la population du recensement de 2019.

4. Conformément aux constatations d'une étude utilisant un échantillon représentatif de début 2018 et selon laquelle 62 % des ménages n'avaient souscrit à aucun service de collecte des ordures ménagères.

5. Cf. également la vidéo de 2019 d'ICLEI sur la rivière <https://www.youtube.com/watch?v=N1PP4EjUAnM&t=114s> [accédé le 1er août 2021].

6. L'outil Waste Wise Cities d'ONU-Habitat ne spécifie pas dans quelle catégorie placer les serviettes hygiéniques, mais les couches pour bébés sont dans la catégorie « Autre ».

7. Selon notre estimatif, la production d'ordures ménages est d'environ 194 tonnes par jour, chiffre similaire aux 210 tonnes quotidiennes estimées par KISWaMP. Notre étude a révélé que les ménages des quartiers à faible revenu produisaient des quantités plus faibles que l'hypothèse de 0,5 kg par personne et par jour avancée par KISWaMP. Selon KISWaMP, les entreprises produiraient 175 tonnes qui s'ajouteraient à la production des ménages. Les études d'ONU-Habitat suggèrent que les entreprises ne produisent que 30 % de la quantité de déchets générée par les ménages. Cette proportion est utilisée pour Nairobi. Si on l'applique, le total de déchets par jour serait de 252 tonnes.

Chapitre 7

1. Selon la compilation d'études menées par l'UCG en 2014 dans la région de Dakar. Cf. p. ex. UCG (2014).

2. Afin d'obtenir un estimatif pour l'ensemble de la ville, nous avons pondéré les cas selon les catégories sociales de la région urbaine de Dakar, telles que publiées par l'ANSD (2015).

3. En 2006, Rouyat (2006) estimait que les taux de collecte allaient de 15 à 20 % à Ndjamena et de 20 à 30 % à Nouakchott, et ils étaient de 23 % à Ouagadougou, et de 35 % à Dakar.

4. Cf. UCG (2014) pour un exemple à Dakar et UCG (2016) pour une perspective nationale.

RÉFÉRENCES

Abul, S. (2010) 'Environmental and health impact of solid waste disposal at Mangwaneni dumpsite in Manzini: Swaziland', *Journal of Sustainable Development in Africa* 12(7) <https://jsd-africa.com/Jsda/V12N07_Winter2010_A/article12_7.htm>.

African Circular Economy Alliance (2021) *Five Big Bets for the Circular Economy in Africa* [pdf], World Economic Forum, Geneva <https://www.weforum.org/reports/five-big-bets-for-the-circular-economy-in-africa-african-circular-economy-alliance> [accédé le 27 juillet 2021].

Ali, A., Iqbal N.T. and Sadiq K. (2016) 'Environmental enteropathy', *Current Opinion in Gastroenterology* 32(1): 12–17 <https://doi.org/10.1097/MOG.0000000000000226>.

Ali, S.M. (2018) 'Recognising gender issues in the management of urban waste', *Solid waste management: a collection of synthesis notes* [online], Note no. 5, <https://hdl.handle.net/2134/30255> [accédé le 27 juillet 2021].

ANSD (2015) *Pauvreté et Condition de Vie des Menages* [pdf], Agence Nationale de la Statistique et de la Demographie, Senegal <http://www.ansd.sn/ressources/publications/PAUVRETE%20ET%20CONDITION%20DE%20VIE%20DES%20MENAGES-DEF-VRC-VF.pdf> [accédé le 27 juillet 2021].

ANSD (2016) *Mapping the Poor in Senegal: Technical Report* [pdf], Agence Nationale de la Statistique et de la Demographie, Senegal <https://www.ansd.sn/ressources/publications/SEN_PovMap_160512_rapport%20Version%20Anglaise.pdf> [accédé le 27 juillet 2021].

Awuor, F.O., Nyakinya, B., Oloo, J., Oloko, M. and Agong, S.G. (2019) 'How did Kachok dumpsite in Kisumu City develop into a crisis?' *Urban Forum* 30: 115–31 <https://doi.org/10.1007/s12132-018-9342-7>.

Bahadur, A. and Dodman, D. (2021) *Urban Climate Resilience: A Landscape Review: India, Bangladesh and Kenya*, IIED, London.

Bahraini, A. (2020) 'Waste bank program to support Indonesia Clean-from-Waste 2025' [blog], *Waste4Change*, <https://waste4change.com/blog/waste-bank-to-support-indonesia-clean-from-waste-2025/> [accédé le 27 juillet 2021].

Banna, F. (2017) *Municipal Solid Waste Management in Burkina Faso: Diagnostic and Recommendations*, World Bank, Washington, DC.

Bhutta, Z.A., Guerrant, R.L. and Nelson, C.A. (2017) 'Neurodevelopment, nutrition, and Inflammation: the evolving global child health landscape', *Pediatrics* 139 (Supplement 1): S12–S22 <https://doi.org/10.1542/peds.2016-2828D>.

Casey, J. (2016) *Technology and the Future of Work: Experiences of Informal Waste Workers and Street Vendors in Dhaka, Lima, and Nairobi* [pdf], Practical Action <https://www.wiego.org/sites/default/files/resources/files/Tech_Justice_Practical_Action.pdf> [accédé le 27 juillet 2021].

Chvatal, J. (2010) 'A study of waste management policy implications for landfill waste salvagers in the Western Cape', MA thesis, University of Cape Town, South Africa.

CIWM and WasteAid (2018) 'From the land to the sea' [pdf], <https://wasteaid.org/wp-content/uploads/2018/03/From-the-Land-to-the-Sea.pdf> [accédé le 27 juillet 2021].

Cook, E. and Velis, C.A. (2020) *Global Review on Safer End of Engineered Life*, Royal Academy of Engineering, London <https://doi.org/10.5518/100/58>.

CWG and GIZ (2011) *The Economics of the Informal Sector in Solid Waste Management*, Collaborative Working Group on Solid Management in Low- and Middle-Income Countries.

Czerkinsky, C. and Holmgren, J. (2015) 'Vaccines against enteric infections for the developing world', *Philosophic Transactions of the Royal Society B* 370(1671) <https://doi.org/10.1098/rstb.2015.0142>.

Dias, S. and Fernandez, L. (2013) 'Wastepickers: a gendered perspective', in *Powerful Synergies: Gender Equality, Economic Development and Environmental Sustainability*, United Nations Development Programme, New York, pp. 153–55.

Dias, S.M. and Samson, M. (2016) *Informal Economy Monitoring Study Sector Report: Waste Pickers* [pdf], Women in Informal Employment, Globalizing and Organizing, Cambridge, MA, <https://www.wiego.org/sites/default/files/publications/files/Dias-Samson-IEMS-Waste-Picker-Sector-Report.pdf> [accédé le 27 juillet 2021].

Duggan, B., Prior, R. and Sterling, J. (2017) 'Death toll rises in Ethiopian trash dump landslide', *CNN*, 15 March, <http://edition.cnn.com/2017/03/15/africa/ethiopia-trash-landslide-death-toll/index.html> [accédé le 27 juillet 2021].

Ehui, S (2020) '"You only see trash. We see a treasure trove", why waste management in Senegal is a critical step toward sustainability' [blog], *World Bank Blogs*, <https://blogs.worldbank.org/nasikiliza/you-only-see-trash-we-see-treasure-trove-why-waste-management-senegal-critical-step> [accédé le 27 juillet 2021].

Ellen MacArthur Foundation (2019) *Completing the Picture: How the Circular Economy Tackles Climate Change V.3* [pdf], <https://www.ellenmacarthurfoundation.org/assets/downloads/Completing_The_Picture_How_The_Circular_Economy-_Tackles_Climate_Change_V3_26_September.pdf> [accédé le 27 juillet 2021].

Environmental Justice Atlas (2019a) 'Multinational takeover threatens the livelihood of the Zabbaleen, Egypt' [online], *EJAtlas*, <https://ejatlas.org/conflict/cairos-zabbaleen-continue-facing-hardships-after-the-multinational-waste-management-contracts-have-to-an-end-in-2017> [accédé le 27 juillet 2021].

Environmental Justice Atlas (2019b) 'The new reppie incinerator at Koshe Landfill in Addis Ababa, Ethiopia leaves the wastepickers without livelihood' [online], *EJAtlas*, <https://ejatlas.org/conflict/the-new-reppie-incinerator-at-koshe-landfill-in-addis-ababa-ethiopia-leaves-the-wastepickers-without-livelihood>[accédé le 27 juillet 2021].

Fargier, M (2015) Imperial College UG4 thesis/ research paper

Fergutz, O., Dias, S. and Mitlin, D. (2011) 'Developing urban waste management in Brazil with waste picker organizations', *Environment and Urbanization* 23(2): 597–608 <https://doi.org/10.1177/0956247811418742>.

Fernelius, K.J. (2019) 'The global garbage economy begins (and ends) in this Senegalese dump, *The Nation*, 31 décembre, <https://www.thenation.com/article/archive/garbage-china-senegal-economy/> [accédé le 27 juillet 2021].

Gakungu, N.K., Gitau, A.N., Njoroge, B.N.K. and Kimani, M.W. (2012) 'Solid waste management in Kenya: a case study of public technical training institutions', *ICASTOR Journal of Engineering* 5(3): 127–38.

Ghosh, S.K. (2016) 'Swachhaa Bharat Mission (SBM) – a paradigm shift in waste management and cleanliness in India', *Procedia Environmental Sciences* 35: 15–27 <https://doi.org/10.1016/j.proenv.2016.07.002>.

Gilmartin, A.A. and Petri, W.A. (2015) 'Exploring the role of environmental enteropathy in malnutrition, infant development and oral vaccine response', *Philosophic Transactions of the Royal Society B* 370(1671) <https://dx.doi.org/10.1098%2Frstb.2014.0143>.

Globalrec (n.d.) *Association Bokk Diom des Récupérateurs et recycleurs de Mbeubeuss* [Site Web], Global Alliance of Waste Pickers <https://globalrec.org/organization/association-bok-diom-des-recuperateurs-et-recycleurs-de-mbeubeuss/> [accédé le 28 juillet 2021].

GoB (2019) *Country Report, Bangladesh* [pdf], Government of Bangladesh, for Ninth Regional 3R Forum in Asia and the Pacific, <https://www.uncrd.or.jp/content/documents/7530Combined-Front%20page+report-Bangladesh.pdf> [accédé le 28 juillet 2021].

Godfrey, L. (2018) *Africa Waste Management Outlook* [pdf], United Nations Environment Programme <https://wedocs.unep.org/handle/20.500.11822/25514> [accédé le 28 juillet 2021].

Gower, R. and Schroeder, P. (2018) *Cost-Benefit Assessment of Community-Based Recycling and Waste Management in Pakistan*, Tearfund and Institute of Development Studies, London and Brighton.

Greenpeace (2019) 'Throwing away the future: how companies still have it wrong on plastic pollution "solutions"' [online], <https://www.breakfreefromplastic.org/bffp_reports/throwing-away-the-future-how-companies-still-have-it-wrong-on-plastic-pollution-solutions/> [accédé le 28 juillet 2021].

Gumbihi, H. (2013) 'Unmasking the trashlords of Dandora', *The Standard*, 26 October, <http://www.standardmedia.co.ke/entertainment/the-standard/2000114387/unmasking-the-trashlords-of-dandora> [accédé le 28 juillet 2021].

Gunsilius, E., Spies, S., García-Cortés, S., Medina, M., Dias, S. and Scheinberg, A. (2011) *Recovering Resources, Creating Opportunities: Integrating the Informal Sector into Solid Waste Management*, Deutsche Gesellschaft für Internationale Zusammenarbeit (GIZ), Eschborn.

Haan, H.C., Coad, A. and Lardinois, I. (1998) *Municipal Waste Management: Involving Micro-and-Small Enterprises. Guidelines for Municipal Managers*, International Training Centre of the ILO, SKAT, WASTE, Turin, Italy.

Harrisberg, K. (2021) 'The South African "trash for cash" scheme that became a lockdown lifeline' [blog], *World Economic Forum*, <https://www.weforum.org/agenda/2021/04/trash-for-cash-south-africans-currency-environment-covid-lockdown/> [accédé le 28 juillet 2021].

Herbert, L. (2007) *Centenary History of Waste and Waste Managers in London and South East* [pdf], The Chartered Institution of Wastes Management, Northampton.

Hoornweg, D. and Bhada-Tata, P. (2012) *What a Waste: A Global Review of Solid Waste Management*, Urban development series; knowledge papers no. 15, World Bank, Washington, DC <https://openknowledge.worldbank.org/handle/10986/17388> [accédé le 28 juillet 2021].

Hunt, C. (1996) 'Child waste pickers in India: the occupation and its health risks', *Environment and Urbanization* 8(2): 111–18 <https://doi.org/10.1177/095624789600800209>.

ILO (2020) 'Waste pickers' cooperatives and social and solidarity economy organizations' [pdf], Cooperatives and the World of Work no. 12, International Labour Office, Geneva <https://www.ilo.org/wcmsp5/groups/public/---ed_emp/---emp_ent/---coop/documents/publication/wcms_715845.pdf> [accédé le 28 juillet 2021].

ISWA (2016) *A Roadmap for Closing Waste Dumpsites, The World's Most Polluted Places* [pdf], International Solid Waste Association, Vienna, <http://www.wastelessfuture.com/pdf/ISWA%20ROADMAP%20V070916.pdf> [accédé le 28 juillet 2021].

Ivanova, D., Stadler K., Steen-Olsen K., Wood R., Vita G., Tukker A. and Hertwich E.G. (2015) 'Environmental impact assessment of household consumption', *Journal of Industrial Ecology* 20: 526–36 <https://doi.org/10.1111/jiec.12371>.

Jambeck, J.R., Geyerm, R., Wilcox, C., Siegler, T.R., Perryman, M., Andrady, A., Narayan, R. and Law, K.L. (2015) 'Plastic waste inputs from land into the ocean', *Science* 347(6223): 768–71 <https://doi.org/10.1126/science.1260352>.

Jerie, S. (2016) 'Occupational risks associated with solid waste management in the informal sector of Gweru, Zimbabwe', *Journal of Environmental and Public Health* <https://doi.org/10.1155/2016/9024160>.

John, C.C., Black, M.M, and Nelson, C.A (2017) 'Neurodevelopment: The Impact of Nutrition and Inflammation During Early to Middle Childhood in Low Resource Settings', *Pediatrics* vol. 139,Suppl 1 (2017): S59-S71. doi:10.1542/peds.2016-2828H.

Kaza, S., Yao, L.C., Bhada-Tata, P. and Van Woerden, F. (2018) *What a Waste 2.0: A Global Snapshot of Solid Waste Management to 2050*, World Bank, Washington, DC, <https://openknowledge.worldbank.org/handle/10986/30317> [accédé le 28 juillet 2021].

Kimani, N.G. (2005) 'Blood lead levels in Kenya: a case study for children and adolescents in selected areas of Nairobi and Olkalou, Nyandarua District, Nairobi, Kenya' [pdf], Kenyatta University, Nairobi, <https://docplayer.net/13037127-Blood-lead-levels-in-kenya-a-case-study-for-children-and-adolescents-in-selected-areas-of-nairobi-and-olkalou-nyandarua-district.html> [accédé le 12 août 2021].

Kistler, A. and Muffett, C. (eds) (2019) *Plastic & Climate: The Hidden Costs of a Plastic Planet* [pdf], Center for International Environmental Law, <https://www.ciel.org/wp-content/uploads/2019/05/Plastic-and-Climate-FINAL-2019.pdf> [accédé le 28 juillet 2021].

Kisumu County (2017) *Kisumu Integrated Solid Waste Management Plan (KISWaMP) by horizon 2030* [pdf], County Government of Kisumu <https://www.kisumu.go.ke/wp-content/uploads/2019/08/Updated-KISWAMP-Feb-2018-.pdf> [accédé le 28 juillet 2021].

Kisumu County (2018) *Kisumu County Integrated Development Plan II 2018-2022* [pdf], County Government of Kisumu <https://www.kisumu.go.ke/wp-content/uploads/2018/11/Kisumu-County-CIDP-II-2018-2022.pdf> [accédé le 28 juillet 2021].

KNBS (2017) 'Poverty estimates' [online], *Kenya National Bureau of Statistics*, Nairobi, <https://kenya.opendataforafrica.org/urwhbig/poverty-estimates?region=1000270-kisumu> [accédé le 28 juillet 2021].

KNBS (2019) 'Kenya population and housing census, volume II, distribution of population by administrative units' [online], Kenya National Bureau of Statistics, Nairobi <https://www.knbs.or.ke/?wpdmpro=2019-kenya-population-and-housing-census-volume-ii-distribution-of-population-by-administrative-units> [accédé le 28 juillet 2021].

Kodros, J.K, Wiedinmyer, C., Ford, B., Cucinotta, R., Gan, R., Magzamen, S. and Pierce, J.R. (2016) 'Global burden of mortalities due to chronic exposure to ambient PM2.5 from open combustion of domestic waste', *Environmental Research Letters* 11(124022) <http://dx.doi.org/10.1088/1748-9326/11/12/124022>.

Korpe, P.S. and Petri, W.A. Jr (2012) 'Environmental enteropathy: critical implications of a poorly understood condition', *Trends in Molecular Medicine* 18(6): 328–36 <http://dx.doi.org/10.1016/j.molmed.2012.04.007>.

Kotelawala, H., (2017) 'Sri Lanka death toll rises in garbage dump collapse' [online], *New York Times*, 17 avril, <https://www.nytimes.com/2017/04/17/world/asia/sri-lanka-garbage-dump.html> [accédé le 28 juillet 2021].

Kretzmann, S. (2020) 'Tragic landfill conflict fouls Cape Town's air' [online], *Ground Up*, 27 February, <https://www.groundup.org.za/article/tragic-landfill-conflict-fouls-city-air> [accédé le 28 juillet 2021].

Lakshmi, R. (2016) 'A burning mountain of trash in Mumbai fuels middle-class outcry' [online], *Washington Post*, 15 avril, <https://www.washingtonpost.com/world/asia_pacific/a-burning-mountain-of-trash-in-mumbai-fuels-middle-class-outcry/2016/04/11/28336511-33b4-437d-8f4d-f53dba9fdf0e_story.html> [accédé le 28 juillet 2021].

Lerpiniere, D., Wilson, D.C., Velis, C., Evans, B., Voss, H. and Moodley, K. (2014) *A Review of International Development Co-operation in Solid Waste Management 2014*, ISWA, Vienna.

Madsen, C. (2006) 'Feminizing waste: waste-picking as an empowerment opportunity for women and children in Impoverished communities', *Colorado Journal of Environmental Law and Policy*, 17: 165.

Marello, M. and Helwege, A. (2017) 'Solid waste management and social inclusion of waste pickers: opportunities and challenges', *Latin American Perspectives* <https://doi.org/10.1177/0094582X17726083>.

Mattson, R.A. (2020) 'Labor rights, gender, and value at Senegal's Mbeubeuss dump' [online], *ArcGIS StoryMaps*, <https://storymaps.arcgis.com/stories/1af419fe7a8542258fe06e8dd4c5bf09> [accédé le 28 juillet 2021].

Mberu, B., Muindi, K., and Faye, C. (2018) 'Improving solid waste management practices and addressing associated health risks in Dakar, Senegal' [online], *Urban ARK Briefing* 13, IIED, <https://pubs.iied.org/g04299> [accédé le 28 juillet 2021].

Medina, M. (2007) *The World's Scavengers*, AltaMira Press, Lanham.

MEFP/ANSD (2015) *Projection de la population du Sénégal 2013-2063* [pdf], Ministere de L'Economie, des Finances et du Plan, et Agence Nationale de la Statistique et de la Démographie, Dakar, <http://www.ansd.sn/ressources/publications/Rapport%20final%20Projection%20-BECPD__12%20Aout_2015__DSDS_vfN.pdf> [accédé le 28 juillet 2021].

MoEF (2015) *Intended Nationally Determined Contributions* [pdf], Ministry of Environment and Forests, Bangladesh <https://www4.unfccc.int/sites/ndcstaging/PublishedDocuments/Bangladesh%20First/INDC_2015_of_Bangladesh.pdf> [accédé le 28 juillet 2021].

MoEF (2021) *National Sustainable Waste Management Policy, Revised Draft* [pdf], Ministry of Environment and Forestry, Kenya, <http://www.environment.go.ke/wp-content/uploads/2021/03/FINAL-National-Waste-Policy-March-2020.pdf> [accédé le 28 juillet 2021].

MoENR (2015) *Kenya's Intended Nationally Determined Contribution* [pdf], Ministry of Environment and Natural Resources, Kenya, <https://www4.unfccc.int/sites/ndcstaging/PublishedDocuments/Kenya%20First/Kenya_NDC_20150723.pdf> [accédé le 28 juillet 2021].

MoENR (2017) 'Nationally appropriate mitigation action on a circular economy solid waste management approach for urban areas in Kenya' [online], Ministry of Environment and Natural Resources, Kenya, and UNDP, New York <https://www.undp.org/publications/nama-circular-economy-solid-waste-management-approach-urban-areas-kenya> [accédé le 28 juillet 2021].

Muindi, K., Mberu, B., Aboderin, I., Haregu, T. and Amugsi, D. (2016) *Conflict and Crime in Municipal Solid Waste Management: Evidence from Mombasa and Nairobi*, Kenya Working Paper no. 13, African Population and Health Research Centre (APHRC).

Müller, E., Boni, H. and Wittman, A. (2012) *Les Déchets Solides Municipaux en Afrique de l'Ouest : Entre Pratiques Informelles, Privatisation Et Amélioration Du Service Public* [pdf], Seventh Framework Progamme, <https://www.pseau.org/outils/ouvrages/empa_enda_les_dechets_solides_municipaux_en_afrique_de_l_ouest_entre_pratiques_informelles_privatisation_et_amelioration_du_service_public_2012.pdf> [accédé le 4 août 2021].

Mushonga, B., Habarugira, G., Musabyemungu, A., Udahemuka, J.C., Jaja, F.I. and Pepe, D. (2015) 'Investigations of foreign bodies in the fore-stomach of cattle at Ngoma slaughterhouse, Rwanda', *Journal of South African Veterinary Association* 86(1) <https://doi.org/10.4102/jsava.v86i1.1233>.

Osei, F.B. and Duker, A.A. (2008) 'Spatial and demographic patterns of cholera in Ashanti region – Ghana', *International Journal of Health Geographics* 44(7) <https://doi.org/10.1186/1476-072X-7-44>.

Parsons, S., Maassen, A. and Glavin, M. (2019) 'Urban transformations: in Pune, India, waste pickers go from trash to treasure' [online], World Resources Institute, 25 March, <https://www.wri.org/insights/urban-transformations-pune-india-waste-pickers-go-trash-treasure> [accédé le 28 juillet 2021].

Practical Action (2015) *Baseline Study on Sanitation Service Delivery in Angul and Dhenkanal Municipalities of Odisha*, Practical Action, Bhubaneswar.

Practical Action (2016) *City-wide Situation Analysis of Solid Waste and Faecal Sludge Management in Satkhira Municipality*, Practical Action, Dhaka.

Practical Action (2021) *Dignifying Lives: Final Project Report*, Practical Action, Dhaka.

Prendergast, A. and Kelly, P. (2012) 'Enteropathies in the developing world: neglected effects on global health', *The American Journal of Tropical Medicine and Hygiene* 86(5): 756–63 <https://doi.org/10.4269/ajtmh.2012.11-0743>.

Reyna-Bensusan, N., Wilson, D.C., Davy, P.M., Fuller, G.W., Fowler, G.D. and Smith. S.R. (2019) 'Experimental measurements of black carbon emission factors to estimate the global impact of uncontrolled burning of waste', *Atmospheric Environment*, 213: 629–39 <https://doi.org/10.1016/j.atmosenv.2019.06.047>.

Rouyat, J., Broutin, C., Rachmuhl, V., Gueye, A., Torrasani, V. and Ka, I. (2006) *La Gestion des Ordures Ménagères dans les Villes Secondaires du Sénégal* [pdf], Gret <https://www.gret.org/wp-content/uploads/07766.pdf> [accédé le 4 août 2021].

Sadan, Z. and De Kock, L. (2020) *Plastics: Facts and Futures: Moving Beyond Pollution Management Towards a Circular Plastics Economy in South Africa* [pdf], WWF South Africa, Cape Town, <https://wwfafrica.awsassets.panda.org/downloads/wwf_plastics_report_final_2nov2020.pdf> [accédé le 28 juillet 2021].

Scheinberg, A., Wilson, D.C. and Rodic, L. (2010) *Solid Waste Management in the World's Cities*, Earthscan for UN-Habitat, London and Washington, DC.

Scheinberg, A. (2012) *Informal Sector Integration and High Performance Recycling: Evidence from 20 Cities* [pdf], WIEGO Working Paper (Urban Policies) no. 23, <https://www.wiego.org/sites/default/files/publications/files/Scheinberg_WIEGO_WP23.pdf> [accédé le 28 juillet 2021].

Seadon, J., Modak, P. and Periathamby, A. (2017) *Asia Waste Management Outlook*, UNEP, Nairobi.

Singh, R. (2021) *Integration of Informal Sector in Solid Waste Management: Strategies and Approaches* [pdf], Centre for Science and Environment, New Delhi <https://www.cseindia.org/content/downloadreports/10886> [accédé le 28 juillet 2021].

Singh, S. (2020) 'Solid waste management in urban India: imperatives for improvement', Occasional Paper no. 283, Observer Research Foundation, <https://www.orfonline.org/research/solid-waste-management-in-urban-india-imperatives-for-improvement-77129/> [accédé le 28 juillet 2021].

SOENECS Ltd (2016) Report for the London Waste and Recycling Board (LWARB) and the Greater London Authority, <https://www.lwarb.gov.uk/wp-content/uploads/2016/09/LWARB-International-recycling-rate-comparison.pdf> [accédé le 22 octobre 2019].

Stevens, L., Mehrab, U.G. and Kumar Saha, U. (2019) 'Creating the working conditions for health, dignity and opportunity', Policy Brief, Practical Action, Rugby <https://infohub.practicalaction.org/bitstream/handle/11283/622054/Health-Dignity-Opportunity_policy-brief_Dec19.pdf?sequence=4&isAllowed=y> [accédé le 28 juillet 2021].

Stocker, T. (ed.) *Climate Change 2013: The Physical Science Basis* [pdf], Working Group I Contribution to the Fifth Assessment Report of the Intergovernmental Panel on Climate Change, New York.

Tearfund, Fauna & Flora International, WasteAid and Institute of Development Studies (2019) *No Time to Waste: Tackling the Plastic Pollution Crisis Before it's too Late* [pdf], Tearfund, London <https://learn.tearfund.org/-/media/learn/resources/reports/2019-tearfund-consortium-no-time-to-waste-en.pdf> [accédé le 28 juillet 2021].

Tiruneh, R. and Yesuwork, H. (2010) 'Occurrence of rumen foreign bodies in sheep and goats slaughtered at the Addis Ababa Municipality Abattoir', *Ethiopian Veterinary Journal*, 14(1): 91–100 <https://www.ajol.info/index.php/evj/article/view/63872>.

UCG (2014) *Rapport de la Campagne Nationale de Caractérisation des Déchets Solides*, Saison Humide, Région de Dakar, Zone no. 1 (Dakar Plateau, Gueule Tapée / Fass / Colobane, Médina) Ministère de la Gouvernance locale, du Développement, et de l'Aménagement du Territoire et Unité de Coordination de la Gestion des déchets solides (UCG), Dakar.

UCG (2016) *Rapport de la campagne nationale de caractérisation des ordures ménagères et assimilées (2014/2015/2016) Rapport National* [online], Ministère de la Gouvernance locale, du Développement, et de l'Aménagement du Territoire et UCG, Dakar, <https://www.waste-ndc.pro/wp-content/uploads/2021/03/Caracterisation-des-dechets-solides-au-Senegal-campagne-nationale.pdf> [accédé le 28 juillet 2021].

UNDESA (2018) *World Urbanization Prospects: The 2018 Revision*, United Nations, New York.

UNEP/ISWA (2015) *Global Waste Management Outlook*, UN, New York <https://doi.org/10.18356/765baec0-en#>.

UN-Habitat (2009) *UN Demographic and Health Surveys*, 2001-2003, as cited in *State of the World's Cities 2008/2009*, Earthscan, London, p. 129.

UN-Habitat (2021) *Waste Wise Cities Tool – Step by Step Guide to Assess a City's MSWM Performance through SDG indicator 11.6.1 Monitoring* [pdf], UN-Habitat, Nairobi, <https://unhabitat.org/sites/default/files/2021-02/Waste%20wise%20cities%20tool%20-%20EN%207%20%281%29.pdf> [accédé le 28 juillet 2021].

Velis, C. (2015) 'Circular economy and global secondary material supply chains', *Waste Management & Research* 33(5): 389–91 <https://doi.org/10.1177/0734242X15587641>.

Velis, C. (2017) 'Waste pickers in global south: informal recycling sector in a circular economy era', *Waste Management & Research* 35(4), 329–31.

Waste Concern (2016) *Bangladesh Waste Database 2014* [pdf], Waste Concern Technical Report Series, Dhaka, <http://wasteconcern.org/wp-content/uploads/2016/05/Waste-Data-Base_2014_Draft-Final.pdf> [accédé le 28 juillet 2021].

Whiteman, A., Smith, P. and Wilson, D.C. (2001) 'Waste management: an indicator of urban governance', paper presented by DFID to UN-Habitat Global Conference on Urban Development, <http://davidcwilson.com/project/waste-management-an-indicator-of-urban-governance/> [accédé le 28 juillet 2021].

Whiteman, A., Webster, M. and Wilson, D.C. (2021) 'The nine development bands: a conceptual framework and global theory for waste and development', *Waste Management and Research: The Journal for a Sustainable Circular Economy* 39(10): 1218-36 <https://doi.org/10.1177/0734242X211035926>.

WHO and UNICEF (2018) *JMP Methodology: 2017 Update and SDG Baselines* [pdf], United Nations Children's Fund and World Health Organization, New York, <https://washdata.org/report/jmp-methodology-2017-update> [accédé le 28 juillet 2021].

Wiedinmyer, C., Yokelson, R.J. and Gullett, B.K. (2014) 'Global emissions of trace gases, particulate matter, and hazardous air pollutants from open burning of domestic waste, *Environmental Science and Technology* 48(16): 9523–30 <https://doi.org/10.1021/es502250z>.

WIEGO (2010) *Organizing Informal Waste Pickers: A Case Study of Bengaluru, India* [pdf], <http://www.wiego.org/sites/default/files/resources/files/Chengappa-Organizing-Informal-Waste-Pickers-India.pdf> [accédé le 28 juillet 2021].

WIEGO (2014) *The Urban Informal Workforce: Waste Pickers / Recyclers Informal Economy Monitoring Study* [pdf], <https://www.wiego.org/sites/default/files/publications/files/IEMS-waste-picker-report.pdf> [accédé le 28 juillet 2021].

WIEGO (2020) 'Réduction des déchets dans les villes côtières grâce au recyclage inclusif (ReWCC): étude de base sur les récupératrice.eur.s de la décharge de Mbeubeuss' [pdf], <https://www.wiego.org/sites/default/files/publications/file/Re%CC%81duction%20des%20de%CC%81chets%20-%20Rapport%20d%E2%80%99e%CC%81tude-version%20web.pdf> [accédé le 28 juillet 2021].

Wijayanti, D.R. and Suryani, S. (2015) 'Waste bank as community-based environmental governance: a lesson learned from Surabaya', *Procedia – Social and Behavioral Sciences* 184: 171–9 <https://doi.org/10.1016/j.sbspro.2015.05.077>.

Wilson, D.C. (2007) 'Development drivers for waste management', *Waste Management & Research* 25(3): 198–207.

Wilson, D.C. (2021) 'The sustainable development goals as drivers of change', in Tudor, T. and Dutra, C.J.C (eds), *The Routledge Handbook of Waste, Resources and the Circular Economy*, Routledge, Abingdon.

Wilson, D.C., Velis, C. and Cheeseman. C., (2006) 'Role of the informal sector recycling in waste management in developing countries', *Habitat International*, 30: 797–808 <https://doi.org/10.1016/j.habitatint.2005.09.005>.

Wilson, D.C., Rodic, L., Cowing, M.J., Velis, C.A., Whiteman, A.D., Scheinberg, A., Vilches, R., Masterson, D., Stretz, J. and Oel, B. (2015) '"Wasteaware" benchmark indicators for integrated sustainable waste management in cities', Waste Management 35: 329–42 <https://doi.org/10.1016/j.wasman.2014.10.006>.

World Bank (2017) Senegal Municipal Solid Waste Management Project (P161477), Project Information Document/Integrated Safeguards Data Sheet [pdf], World Bank, Washington, DC, <https://documents1.worldbank.org/curated/en/581531500995135875/pdf/ITM00184-P161477-07-25-2017-1500995132357.pdf> [accédé le 28 juillet 2021].

World Bank (2018a) Urban population growth (annual %) – Senegal [Page Web], World Bank, Washington, DC, <https://data.worldbank.org/indicator/SP.URB.GROW?locations=SN> [accédé le 1 août 2021].

World Bank (2018b) Population living in slums (% of urban population) [Page Web], World Bank, Washington, DC, <https://data.worldbank.org/indicator/EN.POP.SLUM.UR.ZS?locations=SN> [accédé le 1er août 2021].

WRA (2007) *The Impact of Pollution on Groundwater Resources* [pdf], Water Resources Authority Jamaica <https://www.nepa.gov.jm/LBS-Workshop/Impacts%20on%20Groundwater%20Resources%20-%20WRA.pdf> [accédé le 1er août 2021].

www.ingramcontent.com/pod-product-compliance
Lightning Source LLC
Chambersburg PA
CBHW080901030426
42336CB00016B/2978

9 781788 532013